职业教育汽车类专业新形态教材

U0587506

ZHINENG WANGLIAN QICHE

智能网联汽车

主　编　张志强　黄钧浩　尹宏观

副主编　武　莉　刘富天　向梦竹　邓　阳　程　鹏

参　编　于　芳　陈金山　杨发明　杨　敏　张甲瑞　刘福友

　　　　刘琦琪　王代彬　马　泽　杨晨晨　程洪良　何徐彤

主　审　骆永华　唐跃辉

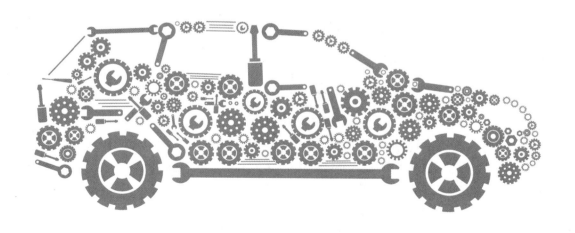

重庆大学出版社

图书在版编目（CIP）数据

智能网联汽车 / 张志强, 黄钧浩, 尹宏观主编. --
重庆 : 重庆出版社, 2024.7
职业教育汽车类专业新形态教材
ISBN 978-7-5689-4485-4

Ⅰ.①智… Ⅱ.①张…②黄…③尹… Ⅲ.①汽车—
智能通信网—职业教育—教材 Ⅳ.①U463.67

中国国家版本馆CIP数据核字（2024）第097892号

智能网联汽车

主　编：张志强　黄钧浩　尹宏观
副主编：武　莉　刘富天　向梦竹　邓　阳　程　鹏
策划编辑：陈一柳
责任编辑：陈一柳　　版式设计：陈一柳
责任校对：刘志刚　　责任印制：赵　晟

*

重庆大学出版社出版发行
出版人：陈晓阳
社址：重庆市沙坪坝区大学城西路21号
邮编：401331
电话：（023）88617190　88617185（中小学）
传真：（023）88617186　88617166
网址：http://www.cqup.com.cn
邮箱：fxk@cqup.com.cn（营销中心）
全国新华书店经销
重庆天旭印务有限责任公司印刷

*

开本：787mm×1092mm　1/16　印张：10.5　字数：250千
2024年7月第1版　2024年7月第1次印刷
ISBN 978-7-5689-4485-4　定价：29.00元

在智能网联汽车的时代背景下，学习智能网联汽车技术不仅能够拓展中职学生的思维视野，提高技术水平，还能够培养他们的团队合作意识和创新能力，为他们未来的就业和发展奠定坚实基础。因此，本书的编写不仅仅是为了传授知识，更是为了激发学生的学习兴趣，培养他们的创新精神，让他们在未来的数字化社会中游刃有余。随着社会的不断进步和科技的飞速发展，智能网联汽车已经不再是遥不可及的未来科技，它正在逐渐走进人们的生活。智能网联汽车的发展，不仅仅是传统汽车制造业的颠覆和革新，更是促进人类社会整体交通系统的完善和升级。为适应国家汽车产业发展和教学改革的需要，我们编写了本书。

在编写本书的过程中，我们充分考虑学生的学习特点和实际需求，力求内容条理清晰，注重理论与实践相结合。本书的案例和思政元素丰富，配套资源完善，具有以下几个方面的突出特点：

1. 结合汽车运用与维修专业 1+X 证书内容，采用"任务驱动"的编写形式，打破了传统教材的章节体系，充分体现专项能力的培养。

2. 每个项目都有明确的任务目标、操作指南，图文并茂，贴近生产实际，内容丰富、形式多样，有利于激发学生的学习兴趣。

3. 突出学生动手能力培养和训练。在培养学生技能的同时，注重学生素养的提升，强化思政教育、劳动教育和安全文明生产。

本书由重庆市九龙坡职业教育中心张志强、黄钧浩、武莉、于芳、陈金山、刘富天、杨敏、向梦竹、程洪良、何徐彤，深蓝汽车科技有限公司杨发明，重庆市立信职业教育中心尹宏观，重庆市永川职业教育中心邓阳，重庆交通职业学院程鹏，重庆移通学院陈龙灿，重庆大足职业教育中心刘琦琪，重庆工商职业学院张甲瑞，重庆市涪陵第一职业中学校刘福友，重庆巴南职业教育中心王代彬，成都汽车职业技术学校马泽，江西九江科技中等专业学校杨晨晨等编写。本书由张志强、黄钧浩、尹宏观任主编，由武莉、刘富天、向梦竹、邓阳、程鹏任副主编，由于芳、陈金山、杨发明、杨敏、张甲瑞、刘福友、刘琦琪、王代彬、马泽、杨晨晨、程洪良、何徐彤任参编，由重庆市九龙坡职业教育中心骆永华、深蓝汽车科技有限公司唐跃辉担任主审。

由于编者水平所限，而且汽车技术涉及领域很广，书中难免有错漏之处，敬请专家和各位读者批评指正。

编 者

2023 年 3 月

CONTENTS 目 录

项目一 | 智能网联汽车

　　智能网联汽车是一种以万物互联、大数据、云计算和人工智能等为技术基础的新型汽车发展趋势。在全球各国的发展战略中，纷纷选择汽车产业作为制造业整体升级的突破口，依托汽车产业加快推进制造业转型。这一战略指向带动全球汽车技术进入了加速进步和融合发展的新时期，并呈现出电动化、智能化、网联化、共享化四大发展趋势。这四大趋势既有各自的独特内涵，又有紧密的联系。

/任务一/ 认知智能网联汽车的基本概念

　　智能网联汽车（Intelligent Connected Vehicle，ICV）是一种跨技术、跨产业领域的新兴汽车体系。各国对智能网联汽车的定义不同，叫法也不尽相同，但其终极目标是一样的，即可上路安全行驶的无人驾驶汽车。

【知识目标】

　　1. 能说出智能网联汽车的概念；
　　2. 能描述智能网联汽车的分层；
　　3. 能阐述智能网联汽车的分级；
　　4. 能说明智能网联汽车的发展前景。

【素质目标】

　　1. 激发学生的民族自豪感和时代精神，实现可持续发展；
　　2. 引导学生关注全球议题，增强国家竞争实力；树立创新意识，促进全面发展。

【任务实施】

一、智能网联汽车的概念

　　智能网联汽车是指搭载先进的车载传感器、控制器、执行器等装置，并融合现代通信与网络技术，实现车与车、路、人、云端等进行智能信息交换、共享，具备复杂环境感知、智能决策、协同控制等功能，可实现"安全、高效、舒适、节能"行驶，并最终可实现替代人来操作的新一代汽车，如图1-1-1所示。

二、智能网联汽车的分层

智能网联汽车具有两个层面：一是智能化，二是网联化。

智能化层面：汽车配备了多种传感器（摄像头、超声波雷达、毫米波雷达、激光雷达），实现对周围环境的自主感知，通过一系列对传感器信息的识别和决策操作，让汽车按照预设控制算法的速度与预设交通路线规划的寻径轨迹行驶，如图1-1-2所示。

图 1-1-1　智能网联汽车　　　　　　　　图 1-1-2　智能化层面

网联化层面：车辆采用新一代移动通信技术（LTE-V、5G等），实现车辆位置信息、车速信息、外部信息等车辆信息之间的交互，并由控制器进行计算，通过决策模块计算后控制车辆按照预先设定的指令行驶，进一步增强车辆的智能化程度和自动驾驶能力，如图1-1-3所示。

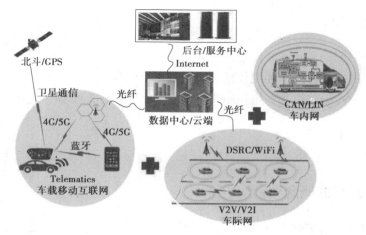

图 1-1-3　网联化层面

三、智能网联汽车的分级

1. 我国汽车工程学会对自动驾驶的分级

2020 年 3 月 9 日，中华人民共和国工业和信息化部（简称"工信部"）发布《汽车驾驶自动化分级》（GB/T 40429—2021）推荐性国家标准报批公示。我国对智能网联汽车分为 0~5 级，标准于 2022 年 3 月 1 日正式实施，具体要求见表 1-1-1。

表 1-1-1　《汽车驾驶自动化分级》要求

0 级驾驶自动化（应急辅助）	要求驾驶自动化系统不能持续执行动态驾驶任务中的车辆横向或纵向运动控制，但具备持续执行动态驾驶任务中的部分目标和事件探测与响应的能力
1 级驾驶自动化（部分驾驶辅助）	要求驾驶自动化系统在其设计运行条件下持续地执行动态驾驶任务中的车辆横向或纵向运动控制，且具备与所执行的车辆横向或纵向运动控制相适应的部分目标或事件探测与响应的能力
2 级驾驶自动化（组合驾驶辅助）	要求驾驶自动化系统在其设计运行条件下持续地执行动态驾驶任务中的车辆横向和纵向运动控制，且具备与所执行的车辆横向和纵向运动控制相适应的部分目标和事件探测与响应的能力
3 级驾驶自动化（有条件自动驾驶）	要求驾驶自动化系统在其设计运行条件下持续地执行全部动态驾驶任务
4 级驾驶自动化（高度自动驾驶）	要求驾驶自动化系统在其设计运行条件下持续地执行全部动态驾驶任务并自动执行最小风险策略
5 级驾驶自动化（完全自动驾驶）	要求驾驶自动化系统在任何可行驶条件下持续地执行全部动态驾驶任务并自动执行最小风险策略

我国划分的这 6 个等级和美国 SAE（美国汽车工程师学会）中的 L0~L5 级是基本对应的，但也有差异，差异主要体现在 L2 级。我国的 2 级自动驾驶的控制是驾驶人与系统；SAE 中的 L2 级自动化的驾驶操作是系统，因此 SAE 中的 L2 级要比我国的 2 级要求高。

2. 美国汽车工程师学会对自动驾驶的分级

自动驾驶汽车业内普遍接受的是 SAE 在 J3016-2014 文件提出的自动驾驶分级定义，它按照自动化程度分为 6 个等级，其中 L0 为没有任何智助系统的级别，具体要求见表 1-1-2。

表 1-1-2　美国汽车工程学会对自动驾驶的分级

级别	具体要求
Level 0 无自动驾驶	该层次汽车的驾控主体为驾驶人。机器不介入车辆操控，在任何道路、环境条件下，均由驾驶人进行感知、操纵、监控，包括对转向盘、加速踏板和制动踏板的控制

续表

级别	具体要求
Level1 驾驶辅助	该层次汽车的驾控主体为驾驶人和机器,在限定道路和环境条件下,汽车具有一个或多个特殊自动控制功能,例如自适应巡航控制系统、车道保持辅助系统等,但感知接管、监控干预仍需驾驶人完成
Level2 部分自动驾驶	该层次汽车的驾控主体为机器。在限定道路和环境条件下,汽车具有至少两个控制功能融合在一起实现的系统,不需要驾驶人对其进行控制;但驾驶人仍需要一直对周围环境进行感知,并监视系统情况,准备在紧急情况下进行人工干预
Level3 有条件的自动驾驶	该层次汽车的驾控主体为机器。在限定道路和环境条件下,汽车能够让驾驶人完全不用控制汽车,而且可以自动检测环境的变化以判断是否返回驾驶人驾驶模式。驾驶人无须一直对系统进行监视,但仍需在紧急情况下进行人工干预
Level4 高度自动驾驶	该层次汽车的驾控主体为机器。在限定道路和环境条件下,汽车能够自动执行完整的动态驾驶任务和动态驾驶任务支援,在特定环境下系统会向驾驶人提出响应请求,驾驶人无须对系统请求作出回应
Level5 完全自动驾驶	该层次汽车的驾控主体为机器。在任何道路和环境条件下,系统完全自动控制车辆,乘坐人员只需输入目的地,系统自动规划路线,检测道路环境,最终到达目的地

在 L3 级后,机器开始接管并主导车辆的感知和控制。当前智能网联汽车技术整体处于 L2~L3 阶段。

3. 日本自动驾驶汽车技术的发展现状

2020 年实现高速公路上的 L2 自动驾驶、L3 自动驾驶和特定区域的 L4 自动驾驶。到 2025 年,将实现高速公路上的 L4 自动驾驶。

4. 欧盟自动驾驶汽车技术的发展现状

欧盟于 2012 年颁布法规,要求所有商用车在 2013 年 11 月之前安装 AEB 紧急自动刹车系统。自 2014 年起,在欧盟市场销售的所有新车都必须配备 AEB,没有该系统的车辆不符合 E-NCAP 五星级安全认证。

四、智能网联汽车的发展前景

根据全球知名经济咨询机构 IHS 环球透视(以下简称 IHS)的汽车部门预测,全球智能驾驶汽车销量将由 2025 年的 23 万辆,发展到 2035 年将超过 1 000 万辆。预计到 2025 年,全球智联网汽车的市场保有量将达 3.5 亿辆,市场占比达到 24%,具有联网功能的新车销量将达到 9 800 万辆,市场占比达 94%。2020 年 2 月,国家发改委等 11 部委联合发布了《关于印发〈智能汽车创新发展战略〉的通知》,提出战略愿景,到 2025 年,中国标准智能汽车的技术创新、产业生态、基础设施、法规标准、产品监管和网络安全体系基本形成。实现有条件自动驾驶的智能汽车达到规模化生产,实现高度自动驾驶的智能汽车在特定环境下市场化应用。

【课后练习】

一、填空题

1. 智能网联汽车搭载了先进的＿＿＿＿＿、＿＿＿＿＿、＿＿＿＿＿等装置。
2. 我国把智能网联汽车智能化划分为 6 个等级，0 级为＿＿＿＿＿，1 级为＿＿＿＿＿，2 级为＿＿＿＿＿，3 级为＿＿＿＿＿，4 级为＿＿＿＿＿，5 级为＿＿＿＿＿。
3. 智能网联汽车具有两个层面：一是＿＿＿＿＿，二是＿＿＿＿＿。

二、选择题

1. 下面不属于自动驾驶汽车的是（　　　）。

A. L0 级　　　　　　　B. L1 级　　　　　　　C. L2 级　　　　　　　D. L3 级

2. 下面属于无人驾驶汽车的是（　　　）。

A. L1 级　　　　　　　B. L2 级　　　　　　　C. L3 级　　　　　　　D. L4 级

3. 车载式环境感知系统主要包括（　　　）。

A. 摄像头　　　　　　　B. 激光雷达　　　　　　　C. 毫米波雷达　　　　　　　D. 5G

三、简答题

1. 简述我国对自动驾驶的分级。
2. 简述美国对自动驾驶的分级。

/任务二/　认知智能网联汽车的结构与技术

智能网联汽车以车辆为主体和主要节点，融合现代通信和网络技术，使车辆与外部节点实现信息共享和协同控制。

【知识目标】

1. 能说出智能网联汽车的结构；
2. 能阐述智能网联汽车的主要技术；
3. 能说明我国智能网联汽车的发展。

【素质目标】

1. 激发学生的民族自豪感和时代精神，实现可持续发展；
2. 激发学生努力学习专业知识、服务社会的意识。

【任务实施】

一、智能网联汽车的结构

智能网联汽车运用了多项技术，主要包括车辆关键技术、信息交互关键技术、基础支撑关键技术等，如图 1-2-1 所示。

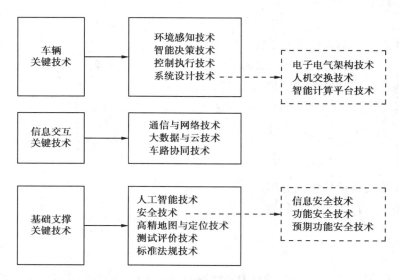

图 1-2-1　智能网联汽车的多项技术

1. 环境感知

环境感知层的主要功能是通过车载环境感知技术、卫星定位技术、4G/5G 及 V2X 无线通信技术等，实现对车辆自身属性和车辆外在属性（如道路、车辆和行人等）静、动态信息的提取和收集，并向智能决策层输送信息。

2. 智能决策

智能决策层的主要功能是接收环境感知层的信息并进行融合，对道路、车辆、行人、交通标志和交通信号等进行识别，决策分析和判断车辆驾驶模式和将要执行的操作，并向控制和执行层输送指令。

3. 控制执行

控制和执行层的主要功能是按照智能决策层的指令，对车辆进行操作和协同控制，并为智能联网汽车提供道路交通信息、安全信息、娱乐信息、救援信息以及商务办公、网上消费等，保障汽车安全行驶和舒适驾驶。

从功能角度上讲，智能网联汽车与一般汽车相比，主要增加了环境感知与定位系统、无线通信系统、车载自组织网络系统和先进驾驶辅助系统等。

二、智能网联汽车的主要技术

1. 环境感知技术

环境感知技术包括车辆本身状态感知、道路感知、行人感知、交通信号感知、交通标志感知、交通状况感知、周围车辆感知等，如图 1-2-2 所示。

2. 无线通信技术

长距离无线通信技术用于提供即时的互联网接入，主要采用 4G/5G 技术，特别是 5G 技术。短距离通信技术有专用短程通信技术（DSRC）、蓝牙、Wi-Fi 等。其中 DSRC 重要性高且急需发展，它可以实现在特定区域内对高速运动下移动目标的识别和双向通信，如图 1-2-3 所示。

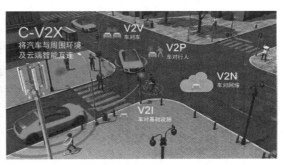

图 1-2-2　环境感知技术　　　　　图 1-2-3　无线通信技术

3. 智能互联技术

当两个车辆距离较远或被障碍物遮挡，直接通信无法完成时，两车之间的通信可以通过路侧单元进行信息传递，构成一个无中心、完全自组的车载自组织网络。智能互联技术示意图如图 1-2-4 所示。

4. 车载网络技术

目前汽车上广泛应用的网络有 CAN、LIN 和 MOST 总线等，它们的特点是传输速率小，带宽窄。以太网最有可能在智能网联汽车环境下工作。同时以太网还可以顺应未来汽车行业的发展趋势，即开放性、兼容性原则，从而可以很容易地将现有的应用嵌入新的系统中。

5. 先进驾驶辅助技术

先进驾驶辅助技术系统是实现自动驾驶的重要基础。先进驾驶辅助技术主要包括：实时交通系统、电子警察系统、车联网系统、自适应巡航系统、车道偏移预警系统、车道保持系统、碰撞避免系统、夜视系统、自适应灯光系统等。先进驾驶辅助技术示意图如图1-2-5所示。

先进驾驶辅助技术

1. 实时交通系统
2. 电子警察系统
3. 车联网系统
4. 自适应巡航系统
5. 车道偏移预警系统
6. 车道保持系统
7. 碰撞避免系统
8. 夜视系统
9. 自适应灯光系统

图 1-2-4　智能互联技术　　　　　　图 1-2-5　先进驾驶辅助技术

6. 信息融合技术

信息融合技术是指在规定准则下，利用计算机技术对多源信息综合分析以实现不同应用的分类任务而进行的处理过程。该技术主要用于对多源信息进行采集、传输、分析和综合，将不同数据源在时间和空间上的冗余或互补信息依据某种准则进行组合，产生出完整、准确、及时、有效的综合信息。

7. 信息安全与隐私保护技术

智能网联汽车接入网络的同时，也会带来信息安全方面的问题。在实际应用中，每辆车及其车主的信息都将随时随地传输到网络中被感知，这种暴露在网络中的信息很容易被窃取、干扰甚至被修改等，从而直接影响智能网联汽车体系的安全。因此，在智能网联汽车中，必须重视信息安全与隐私保护技术的研究。

8. 人机交互技术

人机交互技术，尤其是语音控制、手势识别和触摸屏技术，在全球未来汽车市场上将被大量采用。全球领先的汽车制造商都在研究人机交互技术。智能网联汽车人机界面的设计，其最终目的在于提供好的用户体验，增强用户的驾驶乐趣或驾驶过程中的操作体验，如图1-2-6所示。

9. 高精地图与定位技术

高精地图与定位技术将大量的行车辅助信息存储为结构化数据。这些信息可以分为两类：第一类是道路数据，第二类是车道周边的固定对象信息。高精地图具有高鲜度、高精度和高丰富度的特点。高精地图更多地与机器的逻辑规则相结合，能进一步提升自动驾驶的安全性，如图1-2-7所示。

图1-2-6　人机交互技术　　　　　　图1-2-7　高精地图与定位技术

10. 异构网络融合技术

异构网络融合技术是一项较为关键的技术，所谓异构是指两个及其以上的无线通信系统采用了不同的接入技术，或者是采用相同的无线接入技术但属于不同的无线运营商，其结构示意图如图1-2-8所示。

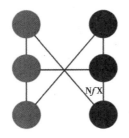
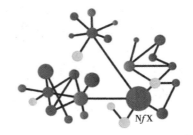

图1-2-8　异构网络融合技术

11. 交通大数据处理的关键技术

交通大数据具有种类繁多、异质性、时空尺度跨越大、动态多变、高度随机性、局部性和生命周期较短等特征，智能网联汽车的发展离不开大数据技术的支持。交通大数据平台示意图如图1-2-9所示。

12. 交通云计算平台

交通云计算平台应该是一个整合的、先进的、安全的、自动化的、易扩展的、服务于交通行业的开放性平台。交通云计算平台示意图如图1-2-10所示。

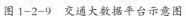

图1-2-9　交通大数据平台示意图　　　　图1-2-10　交通云计算平台

三、我国智能网联汽车的发展

　　中国从20世纪80年代开始进行无人驾驶汽车的研究，国防科技大学在1992年成功研制出中国第一辆真正意义上的无人驾驶汽车。2015年12月，百度公司宣布，百度无人驾驶汽车在国内首次实现城市、环路及高速道路混合路况下的全自动驾驶，测试时最高速度达到100 km/h。百度无人驾驶汽车的技术核心是"百度汽车大脑"，包括高精地图、定位、感知、智能决策与控制四大模块。其中，百度自主采集和制作的高精地图记录了完整的三维道路信息，能在厘米级精度实现车辆定位。同时，百度无人驾驶汽车依托国际领先的交通场景物体识别技术和环境感知技术，实现高精度车辆探测识别、跟踪、距离和速度估计、路面分割、车道线检测，为自动驾驶的智能决策提供依据。百度的无人驾驶解决方案是以人工智能、高精地图为核心，依托传感器、激光雷达等硬件设备构筑的最高级别无人驾驶系统。百度大脑基于计算机和人工智能，模拟人脑思维的模式，拥有200亿个参数，通过模拟人脑的无数神经元的工作原理进行再造、存储及"思考"。目前国内的智能网联汽车、无人驾驶汽车的技术与国外先进技术差别不大。

【课后练习】

一、填空题

　　1.智能网联汽车运用了多款技术，主要包括_____、_____、_____等。
　　2.环境感知包括_____、_____、_____、_____、交通标志感知、交通状况感知、周围车辆感知等。
　　3.短距离通信技术有_____、_____、_____等。

二、选择题

1.网联式环境感知系统主要包括（   ）。

A.摄像头   B.LTE-V   C.毫米波雷达   D.5G

2.车载式环境感知系统主要包括（   ）。

A.摄像头   B.激光雷达   C.毫米波雷达   D.5G

3.交通大数据具有（   ）等特征。

A.种类繁多   B.异质性   C.时空尺度跨越大   D.动态多变

三、名词解释

1.智能互联技术

2.无线通信技术

3.高精地图与定位技术

项目二｜智能网联汽车环境感知技术

要实现智能网联汽车的先进驾驶辅助技术和自动驾驶功能，必须要使汽车具有环境感知功能。只有通过充分了解和认识环境信息，才能够使汽车控制系统作出最佳规划，让汽车得到最理想的驾驶状态。

／任务一／　认知环境感知技术

环境感知是指通过安装在智能网联汽车上的智能传感器或 V2X 通信技术获取道路、车辆、行人、交通标志和交通信号灯等信息，并将这些信息传输给车载控制中心，应用于先进驾驶辅助系统或自动驾驶系统，保障智能网联汽车安全、准确到达目的地。

【知识目标】

1. 能描述环境感知系统的概念和内容；
2. 能描述环境感知系统的组成；
3. 能解释环境感知系统的应用范围。

【素质目标】

1. 通过对环境感知系统的学习，让学生知道技术在不断进步，激发学生不断学习的兴趣；
2. 通过对环境感知传感器应用的学习，引导学生树立大局意识、核心意识。

【任务实施】

一、环境感知系统的概念

智能网联汽车环境感知系统相当于人的感觉器官和神经网络，它是利用车载视觉传感器、激光雷达、毫米波雷达、超声波雷达以及 V2X 通信技术、移动网络通信技术等获取智能网联汽车周围环境信息（车、人、道路和环境），并将以上信息经过车载 ECU 处理后传输给车载控制单元，为智能网联汽车的安全行驶提供及时、准确和可靠的决策依据。

智能网联汽车环境感知对象主要包括以下几个方面。

1. 行车路径

行车路径是指车辆可行驶的道路区域，道路可分为结构化道路和非结构化道路，如图2-1-1 所示。结构化道路一般是指高速公路、城市干道等结构化较好的公路，这类道路具有清晰的道路标志线，道路的背景环境比较单一，道路的几何特征也比较明显，针对它的路径识别主要包括行车线、行车路边缘、道路隔离物等。非结构化道路一般是指城市非主干道、乡村街道等结构化程度较低的道路，这类道路没有车道线和清晰的道路边界，再加上受阴影和水迹等影响，道路区域和非道路区域难以区分，针对它的路径识别主要包括路面环境状况的识别和可行驶路径的确认。

　　　　（a）结构化道路　　　　　　　　　　　　　　（b）非结构化道路

图 2-1-1　道路

2. 周边物体

周边物体主要包括车辆、行人，地面上可能影响车辆通过性、安全性的其他各种移动或静止物体，各种交通标志、交通信号灯等。当智能网联汽车行车时，通过中间摄像头的感知，实现了对前方环境中的车辆、交通标志、行人及行车路径的识别。

3. 驾驶状态

对驾驶状态的识别包括对驾驶人自身状态、车辆自身行驶状态等的识别。

4. 驾驶环境

对驾驶环境的检测主要包括对路面状况、道路交通拥堵情况、天气状况的识别。

二、环境感知系统结构

环境感知系统包括信息采集单元、信息处理单元及信息传输单元三大模块。信息采集单元负责收集汽车的车外及车内信息，并将相关信息传输给信息处理单元，经信息处理单元分析处理后由信息传输单元输出，其组成原理如图2-1-2 所示。

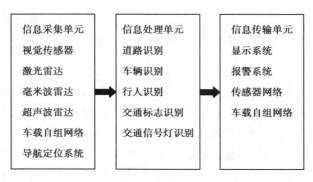

图 2-1-2　环境感知系统结构

1. 信息采集单元

信息采集单元包括视觉传感器、激光雷达、毫米波雷达、超声波雷达、车载自组网络和导航定位装置等。

2. 信息处理单元

信息处理单元包括道路识别、车辆识别、行人识别、交通标志识别、交通信号灯识别等。

3. 信息传输单元

信息传输单元包括显示系统、报警系统、传感器网络和车载自组网络等。

三、常用环境感知传感器

每一类环境感知传感器都有其局限性，通过单一传感器的感知难以为智能网联汽车提供整体而全面的行驶环境的认知。因此，为克服单一环境感知传感器的数据可靠性较低、有效探测范围较小等局限性，为了保证环境感知传感器在任何时刻都能为车辆运行提供完全可信的环境信息，在智能网联汽车中使用多环境感知传感器融合技术进行环境感知。利用多环境感知传感器信息融合技术对检测到的数据进行分析、综合和平衡，根据各个环境感知传感器信息在时间、空间的冗余或互补特性进行容错处理，扩大系统的时空覆盖范围，增加信息维度，避免单个传感器的工作盲区，从而得到所需要的环境信息。智能网联汽车环境感知传感器主要包括视觉传感器、激光雷达、毫米波雷达、超声波雷达和红外线传感器等。各环境感知传感器的性能特点见表 2-1-1。

表 2-1-1　各环境感知传感器的性能特点

	视觉传感器	红外线传感器	超声波雷达	毫米波雷达	激光雷达
优点	成本适中，可分辨出障碍物的距离和大小，并区分障碍物类型	成本低，夜间不受影响	结构简单，价格便宜，体积小巧	不受天气情况和夜间的影响，可以探测到远距离 (100 m 以上) 的物体	测距精度高，方向性强，响应时间快，不受地面杂波干扰

续表

	视觉传感器	红外线传感器	超声波雷达	毫米波雷达	激光雷达
缺点	与人眼一样，会受到视野范围的影响	会受天气条件限制，只能探测到近距离的物体	会受到天气和温度变化的影响，最大测量距离一般只有几米	成本较高，行人的反射波较弱、难以探测，需与视觉传感器互补使用	成本很高，不能全天候工作，遇浓雾、雨、雪等极端天气无法工作
探测距离	强	一般	弱	强	强
夜间工作	弱	强	强	强	强
气候影响	大	大	小	小	大
烟雾环境	弱	弱	一般	强	弱
雨雪环境	一般	弱	强	强	一般
温度稳定	强	一般	弱	强	强
车速测量	弱	弱	一般	强	弱

【知识链接】

环境感知传感器的应用

华为 AITO 问界 M5 采用"摄像头＋超声波雷达＋毫米波雷达"感知方案，具备全方位感知能力。在感知方案层面，华为 AITO 问界 M5 搭载的 8 个摄像头包括 1 个 CMS 摄像头、1 个 DMS 摄像头、1 个 DVR 摄像头、1 个视觉感知摄像头和 4 个 APA 摄像头，同时配备 12 个长距离超声波雷达和 3 个毫米波雷达，具备比较完备的全方位感知能力。

图 2-1-3　华为问界 M5

【课后练习】

一、填空题

1. 智能网联汽车环境感知对象主要包括_____、_____、_____、_____。
2. 环境感知系统包括_____、_____及_____三大模块。
3. 信息传输单元包括_____、_____、_____及_____等。

二、选择题

1. 不属于信息采集单元的是（　　　）。
A. 报警系统　　　　　　　　　　B. 激光雷达
C. 毫米波雷达　　　　　　　　　D. 超声波雷达
2. 不属于信息处理单元的是（　　　）。
A. 导航定位　　　　　　　　　　B. 车辆识别
C. 行人识别　　　　　　　　　　D. 交通标志识别
3. 不属于驾驶环境检测情况的是（　　　）。
A. 路面状况　　　　　　　　　　B. 道路交通拥堵情况
C. 天气状况的识别　　　　　　　D. 车载自组网络

三、简答题

1. 简述视觉传感器的优缺点。
2. 简述环境感知系统的工作过程。

／任务二／　认知视觉传感器

　　视觉传感器由于其成本低廉，获取的环境信息直观等优点，在车载领域得到了广泛应用，如目前常见的倒车影像和360°全景环视系统，都使用了鱼眼摄像头作为视觉传感器。同时，随着各类图像处理技术的发展，以及图像处理芯片成本的持续降低，使用视觉传感器实时获取环境信息成为一种可行的车载应用方案。因此，视觉传感器成为目前智能网联汽车广泛使用的传感器。目前具备图像识别能力的视觉传感器主要是摄像头。

【知识目标】

    1. 能描述视觉传感器的概念和内容；

    2. 能描述视觉传感器的组成；

    3. 能解释视觉传感器的应用范围。

【素质目标】

    1. 通过对视觉传感器的学习，让学生知道技术在不断进步，激发学生不断学习的兴趣；

    2. 激发学生的民族自豪感和职业精神，培养创新意识，为国家经济发展做贡献。

【任务实施】

一、视觉传感器的概念

    视觉传感器又称为成像装置或摄像装置，是智能车辆路径识别模块中摄像头的重要组成部分。它可以检测可见光、紫外线、X 射线及近红外光等，能实现视觉功能的信息采集、转换和扩展，提供可视化、真实、多级、多内容的视觉图像信息。视觉传感器是人工智能的一个分支，通过使用光学系统和图像处理工具等来模拟人的视觉能力捕捉和处理场景的三维信息，理解并通过指挥特定的装置执行决策。视觉传感器涉及多种技术，包括图像处理技术、机械工程技术、控制技术、电光源照明技术、光学成像技术、传感器技术、模拟与数字视频技术、计算机软硬件技术等，其外观如图 2-2-1 所示。

图 2-2-1　视觉传感器

二、视觉传感器的类型

    视觉传感器按安装位置分，有前视、后视和环视等；按镜头类型分，有长焦、鱼眼等；按传感器的原理分，有单目视觉传感器、双目视觉传感器、三目视觉传感器和红外夜视视觉传感器等。图像处理算法在处理远红外夜视图像时能发挥很大作用。

1. 单目视觉传感器

    单目视觉传感器只包含一个摄像机和一个镜头，如图 2-2-2 所示。因大多图像算法的研究都是基于单目视觉传感器开发的，因此相对于其他类别的车载视觉传感器，单目视觉传感器的算法成熟度更高。但是单目视觉有两个先天的缺陷，一是它的视野完全取决于镜头。焦距短的镜头视野广，但缺失远处的信息；焦距长的镜头能看到远处的信息，但视野窄。二是单目测距的精度较低。摄像机的成像图是透视图，即越远的物体成像越小。近处的物体，需要用几百甚至上千个像素点描述；而处于远处的同一物体，可能只需要几个像素点即可描述出来。这种特性会导致越远的地方，一个像素点代表的距离越大。单目视觉观测的物体越远，测距的精度越低。

2. 双目视觉传感器

由于单目测距存在缺陷，双目视觉传感器应运而生，如图 2-2-3 所示。双目视觉传感器包含两个摄像机和两个镜头。相近的两个摄像机拍摄物体时，会得到同一物体在相机成像平面的像素偏移量。有了像素偏移量、相机焦距和两个车载视觉传感器的实际距离这些信息，根据数学换算即可得到车辆与物体之间的距离。将双目测距原理应用在图像上每一个像素点时，即可得到图像的深度信息。深度信息的加入，不仅便于障碍物的分类，也能提高高精地图的定位精度。与单目视觉传感器相比，双目视觉传感器的特点如下：一是成本比单目视觉传感器要高，但尚处于可接受范围内，并且与激光雷达等方案相比成本较低；二是没有识别率的限制，因为从原理上无须先进行识别再进行测算，而是对所有障碍物直接进行测量；三是精度比单目视觉传感器高，直接利用视差计算距离。双目视觉传感器系统的一个难点在于计算量非常大，对计算单元的性能要求非常高。

图 2-2-2　单目视觉传感器　　　　　图 2-2-3　双目视觉传感器

3. 三目视觉传感器

由于单目视觉传感器和双目视觉传感器都存在某些缺陷，因此很多智能网联汽车采用了三目视觉传感器方案。三目视觉传感器是三个不同焦距单目视觉传感器的组合。如图 2-2-4 所示的三目视觉传感器，分别为 28° 视场、52° 视场、150° 视场。其中 28° 视场用于检测前车道线、交通灯，52° 视场负责监测道路状况，150° 视场用于检测平行车道道路状况以及行人和非机动车的行驶状况。

对车载视觉传感器来说，感知的范围要么损失视野，要么损失距离。三目视觉传感器能较好地弥补感知范围的问题。三目摄像头的缺点是需要同时标定三个车载视觉传感器，因而工作量更大一些。其次，软件部分也需要关联三个车载视觉传感器的

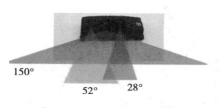

150°　52°　28°

图 2-2-4　三目视觉传感器

数据，对算法要求也很高。

4. 环视视觉传感器

与前面三种视觉传感器所用的镜头不同，环视视觉传感器的镜头是鱼眼镜头，而且安装位置是朝向地面的。"360°全景显示"功能所用到的就是环视摄像机，分别为安装于车辆前方、车辆左右后视镜下和车辆后方的四个鱼眼镜头。为获取足够大的视野，鱼眼摄像机的代价是图像畸变严重。通过标定值对图像进行投影变换，可将图像还原成俯视图的样子，然后对四个方向的图像进行拼接，再在四幅图像的中间放上一张车的俯视图，即可实现从车顶往下看的效果，如图 2-2-5 所示。环视视觉传感器的感知范围并不大，主要用于距离车身 5~10 m 内的障碍物检测、自主泊车时的库位线识别等。

5. 红外夜视视觉传感器

由于夜间可见光成像的信噪比较低，从而导致视觉传感器夜间成像效果不佳，而红外夜视系统可以弥补光照不足条件下视觉传感器的缺点。红外夜视系统可分为主动夜视和被动夜视两种类型。

主动夜视系统是利用近红外光作为光源照明目标，如红外 LED、红外灯和近红外激光器等，用低照度摄像机或微光摄像机接收目标反射的红外光，转换成视频信号在监视器荧光屏上同步显示图像，如图 2-2-6 所示。

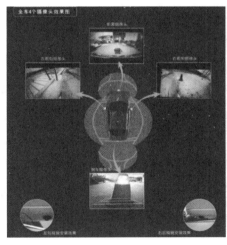

图 2-2-5　360°全景显示　　　图 2-2-6　主动夜视系统

被动夜视系统有两种类型：一类是利用月光、星回光、夜天光等一切很微弱的自然光线，加以放大增强达到可视的目的，这类夜视仪也称为微光夜视仪，如图 2-2-7 所示。另一类是利用远红外敏感的探测器探测目标本身的热辐射，这类夜视仪也称为热像仪。

红外夜视系统基于红外热成像原理，能够透过红外辐射的红外光学系统，将视场内景物的红外辐射聚焦到红外探测器上，红外探测器再将强弱不等的辐射信号转换成相应的电信号，然后经过放大和视频处理，形成可供人眼观察的视频图像，如图 2-2-8 所示。

 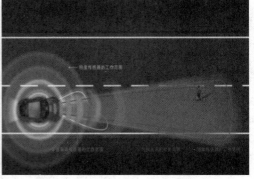

图 2-2-7　微光夜视仪　　　　　　　　图 2-2-8　红外夜视系统

三、视觉传感器系统的组成

　　视觉传感器系统包括光源、相机、镜头、图像处理单元、监视器、通信/输入输出单元等，如图 2-2-9 所示。视觉传感器系统的核心则是图像处理单元，也就是把输入的大量数字化信息与模板库信息进行比较处理，并快速得出结论。其中，运算速度和准确率是关键指标，这主要是通过高效合理的算法和处理能力强大的芯片来实现的。

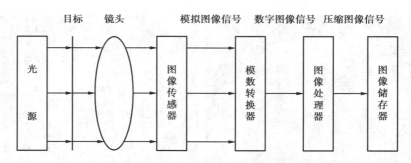

图 2-2-9　视觉传感器系统

　　视觉传感器的感知核心是电荷耦合元件（CCD），这是一种半导体器件，能够把光学影像转化为数字信号。CCD 上植入的微小光敏物质被称为像素（Pixel）。一块 CCD 上包含的像素数越多，其提供的画面分辨率也就越高。CCD 的作用就像胶片一样，但它是把光信号转换成电荷信号。CCD 上有许多排列整齐的光电二极管，它们能感应光线，并将光信号转换成电信号，经外部采样放大及模/数转换电路可以转换成数字图像信号。CCD 作为一种新型的光电转换器，现已被广泛应用于摄影、图像采集、扫描以及工业测量等领域。CCD 图像传感器可分为两类：一类用于获取线阵图像，称为线阵 CCD，如图 2-2-10 所示；另一类用于获取表面图像，称为面阵 CCD，如图 2-2-11 所示。对于线阵 CCD，它可以直接接收一维光学信息，但是不能直接将二维图像转换成一维电信号输出。为获得整个二维图像的输出，必须采用线扫描方法来实现。面阵 CCD 的感光单元以二维矩阵排列，可以直接检测二维平面图像涂在 CCD 表面的硅半导体光敏器件捕获光子并产生光生电子。这些电子首先聚集在 CCD 下的绝缘层中，然后由控制电路串行输出到模拟电路，再通过成像电路（如 DSP）进行传输形成一个图像。视觉传感器的镜头和 CCD 将获取到的光信号转换为可以由计算机处理的图像编码后，内部的光敏元件电路和控制元件对图像编码进行处理，并将其转换成控制单元可处理的数字信号，进一步使用各类图像处理算法从图像中提取并跟踪相关特征，即可实现对车辆周围路况的识别，为决策系统作出前方碰撞警告、车道偏移报警和行人检测等决策提供有效的环境感知信息。

图 2-2-10　线阵 CCD　　　　图 2-2-11　面阵 CCD

四、视觉传感器的工作原理

视觉传感器在智能网联汽车中解决的问题可以分为物体的识别与跟踪、车辆本身的定位两类。

1. 物体的识别与跟踪

通过机器学习的方法，智能网联汽车可以识别在行驶途中遇到的物体，比如行人、车辆、交通信号、交通标志、车道线、道路边界和自由行驶空间等。

一般来说，视觉传感器识别的过程主要包括图像输入、预处理（如平滑滤波、二值化、灰度转化等）、特征提取（如形状特征、阴影特征等）、特征分类、模板匹配和完全识别等。

2. 车辆本身的定位

智能网联汽车基于视觉技术用于车辆本身的定位时，主要采用视觉 SLAM 技术（SLAM 即实时定位与地图构建），根据提前建好的地图和实时的感知结果做匹配，获取智能网联汽车的当前位置。视觉 SLAM 系统可分为数据预处理、前端里程计、后端图优化、闭环检测、显示五个模块。视觉 SLAM 定位流程：输入传感器数据后，前台线程根据传感器数据进行跟踪求解，实时恢复每个时刻的位姿，后台线程进行局部或全局优化，减少误差累积，并进行场景回路检测，最后输出设备实时位姿。

3. 单目和双目视觉传感器的原理和特点

单目视觉传感器的工作原理是先识别后测距。首先通过图像匹配对图像进行识别，然后根据图像的大小和高度进一步估计障碍物和车辆移动时间。

双目视觉传感器的工作原理是先对物体与本车距离进行测量，然后再对物体进行识别。

在距离测量阶段，先利用视差直接测量物体与汽车之间的距离，原理与人眼相似。当两只眼睛注视同一物体时，会有视差，分别闭上左右眼看物体时，会感觉到位移，这种位移大小可以用来测量目标物体的距离。

五、多个视觉传感器的组合应用

视觉传感器可以提供的感知能力主要有车道线识别、障碍物识别、交通标志识别、道路标志识别、交通信号灯识别、可行驶区域识别、周围车辆感知、交通状况感知、道路状况感知、车辆本身状态感知等。视觉传感器在智能网联汽车上的具体应用见表2-2-1。

表 2-2-1　视觉传感器在智能网联汽车上的具体应用

ADAS	摄像头位置	具体功能
车道偏离预警系统	前视	当前视摄像头检测到车辆即将偏离车道线时发出警报
盲区监控系统	侧视	利用侧视摄像头将后视镜盲区的影像显示在后视镜或驾驶舱内
自动泊车辅助系统	后视	利用后视摄像头将车尾影像显示在驾驶舱内
全景泊车系统	前视、侧视、后视	利用图像拼接技术将摄像头采集的影像组成周边全景图
驾驶人疲劳检测系统	内置	利用内置摄像头检测驾驶人是否疲劳、闭眼等
行人碰撞预警系统	前视	当前视摄像头检测到车辆与前方行人可能发生碰撞时发出警报
车道保持辅助系统	前视	当前视摄像头检测到车辆即将偏离车道线时通知控制中心发出指示，纠正行驶方向
交通标志识别系统	前视、侧视	利用前视、侧视摄像头识别前方和两侧的交通标志
前向碰撞预警系统	前视	当前视摄像头检测到与前车距离小于安全距离时发出警报

【知识链接】

视觉传感器的应用

蔚来汽车ET7（图2-2-12）配备了为自动驾驶应运而生的Aquila蔚来超感系统，这套感知系统由33个高性能感知硬件组成，包括1个超远距高精度激光雷达，7个800万像素高清摄像头、4个300万像素高感光环视专用摄像头、1个增强主驾感知、5个毫米波雷达、12个超声波传感器、2个高精度定位单元和V2X车路协同系统。

蔚来ET7所配备的超远距高精度激光雷达，不仅是目前量产激光雷达中测距最远的，还是全球首个已经量产的 1 550 nm 激光雷达，如图 2-2-13 所示。在 Aquila 蔚来超感系统中，这颗超远距高精度激光雷达担起了看得远、看得清、看得稳的重任。

高速公路及城市快速路等路段是目前自动辅助驾驶功能的主要应用场景，当车速处于较高水平时，远距离探测已成为确保自动辅助驾驶安全性的必要能力。得益于激光雷达的性能优势，蔚来 ET7 能够感知到更远距离的物体，也为自动辅助驾驶系统留下充足的反应时间。

图 2-2-12 蔚来 ETT　　　　　　　图 2-2-13 超远距高精度激光雷达

【课后练习】

一、填空题

1. 按其原理视觉传感器有_____、_____、_____和_____等多种类型。
2. 视觉传感器的系统包括_____、_____、_____、图像处理单元、监视器、通信/输入输出单元等。
3. 红外夜视系统可分为_____和_____两种类型。

二、选择题

1. 用于智能网联汽车车道保持辅助系统的传感器可以是（　　　　）。
A. 超声波传感器　　　　　　　　　　B. 毫米波雷达
C. 激光雷达　　　　　　　　　　　　D. 视觉传感器
2. 行人识别常用的传感器是（　　　　）。
A. 超声波传感器　　　　　　　　　　B. 毫米波雷达
C. 激光雷达　　　　　　　　　　　　D. 视觉传感器

3. 智能网联汽车最常见的传感器融合是（　　　　）。

A. 毫米波雷达与激光雷达的融合　　　　　B. 毫米波雷达与超声波传感器的融合

C. 毫米波雷达与视觉传感器的融合　　　　D. 激光雷达与视觉传感器的融合

三、简答题

1. 视觉传感器在无人驾驶汽车上能够实现哪些功能？

2. 车辆本身定位的工作原理是什么？

/ 任务三 / 　认知超声波雷达

超声波雷达是汽车最常用的一种传感器，它可以通过接收到反射后的超声波探知周围的障碍物情况，消除了驾驶员停车、倒车和起动车辆时前、后、左、右探视带来的麻烦，帮助驾驶员消除盲点和视线模糊缺陷，提高了行车安全性。

【知识目标】

1. 能描述超声波雷达的概念；

2. 能描述超声波雷达的类型；

3. 能解释超声波雷达的应用范围。

【素质目标】

1. 通过对超声波雷达的学习，让学生知道技术在不断进步，激发学生不断学习的兴趣；

2. 激发学生努力学习和终身学习，提高专业能力和专业水准，促进自动驾驶汽车发展。

【任务实施】

一、超声波雷达的概念

超声波是一种频率高于 20 kHz 的声波（机械波），它的方向性好，反射能力强，易于获得较集中的声能。超声波雷达是利用超声波的特性研制而成的传感器，可以通过接收到反射后的超声波来探知周围的障碍物情况，它可以消除驾驶员停车、倒车和起动车辆时前、后、左、右探视带来的麻烦，帮助驾驶员消除盲点和视线模糊缺陷，提高行车安全性。如图 2-3-1 所示为 4 个后向超声波雷达。

图 2-3-1　后向超声波雷达

二、超声波雷达类型

车载超声波雷达主要分为 UPA 和 APA 两大类。

1. UPA 超声波雷达

UPA 是一种短程超声波，主要安装在车身的前部与后部，检测范围为 25 cm~2.5 m。由于其检测距离小，多普勒效应和温度干扰小，检测更准确。

2. APA 超声波雷达

APA 是一种远程超声波传感器，主要用于车身侧面，检测范围为 35 cm~5 m，可覆盖一个停车位。它的方向性强，探头波的传播性能优于 UPA，不易受到其他 APA 和 UPA 的干扰。当然，检测距离越远，APA 的检测误差越大。

三、超声波雷达组成

图 2-3-2　超声波雷达

超声波雷达主要由发射传感器、接收传感器、控制部分与电源等组成，如图 2-3-2 所示。发射传感器由超声波发送器与陶瓷振子换能器组成；而接收传感器由陶瓷振子换能器与放大电路组成。换能器接收波产生机械振动，将其转化为电能量，作为传感器接收器的输出，从而对发送的超声波进行检测。控制部分主要对发送器发送的脉冲链频率、占空比及稀疏调制和计数及探测距离等进行控制。

超声波传感器中最常用是压电式超声发生器，它利用压电晶体的共振来工作。超声波传感器（或超声探头）内部有两个压电晶片和一个共振板，当对压电晶片两极施加电压脉冲且脉冲信号的频率与压电晶片的振荡频率相等时，压电晶片将产生共振并驱动谐振器板振动，压电超声发生器产生超声波；如果两个电极之间没有施加电压，当共振板接收到超声波时，压电晶片振动，机械能被转换成电信号，此时压电超声发生器就成为超声波接收器。

四、超声波雷达的工作原理

超声波雷达利用超声波发生器产生超声波，然后接收探头接收障碍物反射的超声波，并根据超声波产生到反射接收的时差计算出与障碍物的距离，如图 2-3-3 所示。

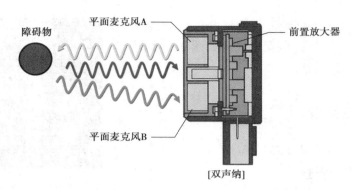

图 2-3-3　超声波雷达工作原理

超声波在空气中的传播速度为 340 m/s，发射点与障碍物表面之间的距离 s 可以根据计时器记录的时间 t 进行计算，计算公式为：$s=(t \times 340)/2$，其工作如图 2-3-4 所示。

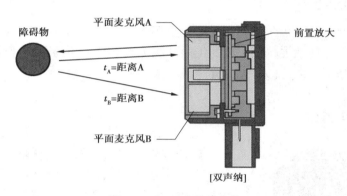

图 2-3-4　距离计算方式

常用探头的工作频率有 40 kHz、 48 kHz 和 58 kHz 3 种，探头的工作频率越高，其灵敏度越高，但水平与垂直方向的探测角度就越小。目前应用比较广泛的是 40 kHz 的超声波探头。

五、超声波雷达的主要性能指标

1. 工作频率

工作频率是指压电晶片的共振频率，当两端交流电压频率等于晶片的谐振频率时，雷达波的传输能量输出最大，灵敏度也最高。

2. 工作温度

超声波雷达的工作温度取决于应用的条件，诊断型超声波雷达功率小，工作温度相对较低，能长期工作而不发生故障。但有些应用会产生大量的热量，工作温度相对较高。

3. 灵敏度

超声波雷达的灵敏度与晶圆的制造有关，机电耦合系数越大，灵敏度越高。

超声波雷达在实际应用中，还应考虑多普勒效应、温度影响、噪声干扰、线性驱动干扰、机械特性等。但是，返回数据的误差非常小，一般最大误差不超过 ±5 cm。在正常情况下，基本障碍物与同一障碍物之间的距离不会波动。一般来说，超声波雷达的最大探测距离为 2.5~5 m，最小探测距离为 25~35 cm，超声波雷达波会产生余震，如果余震期间探测距离过短，会导致产生盲点从而无法确定与障碍物的距离。

六、超声波雷达的应用前景

超声波的能量消耗较缓慢，在介质中传播的距离比较远，穿透性强，测距的方法简单，成本低，但是它在速度很高的情况下测量距离有一定的局限性。

1. 超声波雷达应用的局限性

（1）高速及远距离测量时误差较大

当汽车高速行驶时，使用超声波测距无法跟上汽车的车距实时变化，误差较大。另外，超声波散射较大，在测量较远距离的目标时，其回波信号会比较弱，影响测量精度。

（2）温度敏感

温度在 0 ℃时，超声波的传播速度为 332 m/s；温度在 30 ℃时，超声波的传播速度为 350 m/s。相同相对位置的障碍物，在不同温度的情况下，测量的距离不同。因此，对传感器精度要求极高的智能网联汽车来说，要么选择将超声波雷达的测距进行保守计算；或者将温度信息引入智能网联汽车系统中，用以提升测量精度。

（3）无法精确描述障碍物位置

超声波雷达在工作时会返回一个探测距离的值。例如，有 A、B 两处障碍物，处于 A 处和 B 处的障碍物如果返回相同的探测距离 d，则在仅知道探测距离 d 的情况下，通过单个雷达的信息是无法确定障碍物是在 A 处还是在 B 处的。

2. 超声波雷达的应用场景

超声波雷达在智能网联汽车上主要用于低速、短程的距离测量，如停车、倒车和起动车辆时等。

（1）倒车辅助系统

超声波雷达早期多用于倒车辅助系统，由于汽车后方为各类后视镜的盲区，即使驾驶人向后观察，也很难观察到车辆后方底部的情况。因此在倒车辅助系统中，超声波雷达首先得到了广泛应用。

视觉传感器在汽车中得到了普及应用，但其算法复杂、成本高。而超声波雷达安装简单、成本低廉，适用短距离目标探测，超声波雷达与视觉传感器可以通过融合的方式用于倒车辅助系统，为系统提供有效的目标检测和视觉辅助，如图 2-3-5 所示。

超声波雷达与视觉设备的融合，一方面可以提供摄像头范围内的物体识别与提示，另一方面也可以为视觉识别算法在整幅图像中提供预选的计算区域从而有助于对算法进行优化，降低计算时间。

（2）自动泊车系统

超声波半自动泊车系统通常使用6~12个超声波雷达。车后部的4个短距超声波雷达负责探测倒车时车辆与障碍物之间的距离，侧方的长距超声波雷达负责探测停车位空间。在泊车过程中，通过超声波传感器返回探测距离与时间的关系，作出自动泊车策略，并将其转换成电信号；车辆策略控制系统接受电信号后，依据指令作出汽车的行驶（如角度、方向及动力支援）方面的操控，当检测的长度超过车辆泊入所需的最短长度时，则认为当前空间有车位，汽车就会持续使用超声波传感器检测车辆与车位间的相对位置关系，同时检测行驶路径上的障碍物，自动操作转向盘和制动器，实现自动泊车，如图2-3-6所示。

图 2-3-5 超声波雷达与视觉设备的融合   图 2-3-6 自动泊车

【知识链接】

超声波雷达在国内的发展

奥迪威是国内领先的超声波雷达制造企业，产品广泛应用于汽车电子、智能仪表等领域，车载 UPA 超声波传感器是其主营产品之一。该公司是第一家进入汽车主机市场的超声波传感器国产品牌，其超声波流量传感器、超声波换能器件在国内市场占有率第一，电声报警器件在北美烟雾报警器市场应用量第一（据第三方机构调研，北美 70% 的家庭使用了含有奥迪威产品的报警器）。它的客户涵盖福特、GM、日产等国际一线汽车主机厂以及通用电气、联合技术、大疆等行业龙头企业。目前，奥迪威超声波传感器在中国汽车市场占有率超过21%，在全球汽车倒车雷达传感器市场占有率约为 7%。

【课后练习】

一、填空题

1.超声波雷达主要由_____、_____、_____与电源等组成。

2. 车载超声波雷达主要分为_____和_____两大类。

3. 超声波雷达在智能网联汽车上主要用于_____、_____的距离测量，比如停车、倒车和起动车辆时等。

二、选择题

1. 温度在 0 ℃时，超声波的传播速度为（　　　　）。

A. 350 m/s B. 350 m/s C. 332 m/s D. 300 m/s

2. 超声波雷达的最大探测距离为 2.5~5 m，最小探测距离为（　　　　）。

A. 25~35 cm B. 30~50 cm C. 10~20 cm D. 20~30 cm

3. 不属于超声波雷达的主要性能指标的是（　　　　）。

A. 工作频率 B. 工作速度 C. 工作温度 D. 灵敏度

三、简答题

1. 简述超声波雷达应用的局限性。

2. 简述超声波雷达的工作原理。

四、计算题

超声波在空气中的传播速度为 340 m/s，计时器记录的时间 0.5 s，计算发射点与障碍物表面之间的距离。

/ 任务四 / 认知毫米波雷达

毫米波雷达具有全天候工作的能力，在智能网联汽车领域主要用于对目标的识别和跟踪。毫米波位于微波和远红外波重叠的波长范围内。根据波传播理论，频率越高波长越短，分辨率越高，穿透能力越强，但传播过程中损耗越大，传输距离越短。因此与微波相比，毫米波具有分辨率高、方向性好、抗干扰能力强等特点；与红外线相比，毫米波还具有大气衰减小、对烟雾的穿透性好和受天气影响小等特点。

【知识目标】

1. 能描述毫米波雷达的概念和内容；

2. 能描述毫米波雷达的组成；

3. 能解释毫米波雷达的应用范围。

【素质目标】

1. 通过对毫米波雷达的学习，让学生知道技术在不断进步，激发学生不断学习的兴趣；

2. 引导学生学会用辩证的思想和逻辑思维去看待问题和分析问题，取长补短，激发学生努力学习专业知识，服务社会。

【任务实施】

一、毫米波雷达的概念

毫米波雷达是通过发射和接收无线电波来测量车辆与车辆之间的距离、角度和相对速度的装置。毫米波雷达是工作在毫米波波段的探测雷达。通常毫米波是指频率在 30~300 GHz（波长为 1~10 mm）的电磁波。毫米波雷达向周围发射电磁波，通过测定和分析反射波以计算障碍物的距离、方向和大小。毫米波雷达外观图如图 2-4-1 所示。

二、毫米波雷达的类型

目前应用在智能网联汽车领域的毫米波雷达主要有 3 个频段，分别是 24 GHz，77 GHz 和 79 GHz。不同频段的毫米波雷达有着不同的性能，其分类如图 2-4-2 所示。

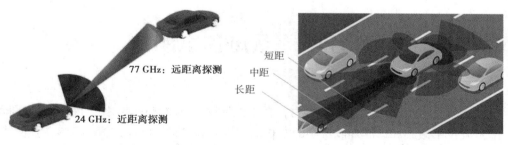

图 2-4-1　毫米波雷达　　　　　　　图 2-4-2　毫米波雷达的类型

1. 根据毫米波雷达的频率分类

（1）24 GHz 毫米波雷达

24 GHz 毫米波雷达检测距离有限，主要用于 5~70 m 的中、短程检测。在自动驾驶系统中常用于感知车辆近处的障碍物，为换道决策提供感知信息，在 ADAS 中可用于盲点检测、变道辅助等。

（2）77 GHz 毫米波雷达

77 GHz 毫米波雷达主要用于 100~250 m 的中、远程检测，性能良好的 77 GHz 雷达的最大检测距离可以达到 160 m 以上，因此常被安装在前保险杠上，正对汽车的行驶方向。长距离雷达能够用于实现紧急制动、自适应巡航等 ADAS 功能，同时也能满足自动驾驶领域对障碍物距离、速度和角度的测量需求。

（3）79 GHz 毫米波雷达

79 GHz 毫米波雷达能够实现的功能与 77 GHz 毫米波雷达一样，也是用于长距离的测量。频率更高的 79 GHz 毫米波雷达，其波长越短，意味着分辨率越高；而分辨率越高，意味着在距离、速度和角度上的测量精度更高。79 GHz 的毫米波雷达是未来的发展趋势。

2. 根据毫米波雷达检测的有效距离分类

车载毫米波雷达可分为长距离雷达（LRR）、中距离雷达（MRR）和短距离雷达（SRR）。以 ACC 自适应巡航为例，当车速大于 25 km/h 时，ACC 自适应巡航才会起作用，而当车速降低到 25 km/h 以下时，就需要进行人工控制。当将所用雷达升级到 77 GHz 毫米波雷达后，与 24 GHz 雷达系统相比，其识别率提高了 3 倍，距离精度提高 3~5 倍，对前车距离的监测更为准确、快速。

三、毫米波雷达的组成

毫米波雷达系统主要包括单片微波集成电路（MMIC）芯片、天线印制电路板、收发模块、信号处理模块等，如图 2-4-3 所示。其中，天线板上从上至下分别是 10 根发射天线 TX1，然后是 2 根发射天线 TX2，最后是 4 根接收天线 RX1~RX4。因为近处的视角（FOV）比较大，大概有 90°，所以需要更多天线，而远处的视角小，大概只有 20°，所以只有两根天线。毫米波雷达各组成部分的作用如图 2-4-4 所示。

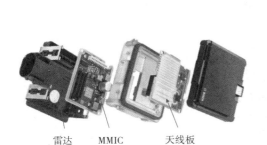

雷达　　MMIC　　天线板

图 2-4-3　毫米波雷达系统组成

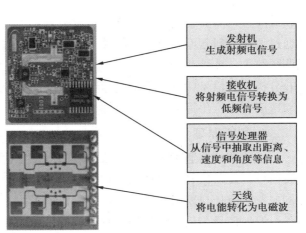

发射机
生成射频电信号

接收机
将射频电信号转换为
低频信号

信号处理器
从信号中抽取出距离、
速度和角度等信息

天线
将电能转化为电磁波

图 2-4-4　毫米波雷达各组成部分的作用

1. 天线

天线是汽车毫米波雷达有效运行的关键设计之一。天线是以高频印刷电路板的方式设计、集成在基板上。印刷电路板是毫米波雷达的硬件核心。其中，收发芯片通常使用一种特殊的半导体，如硅锗双极晶体管（SIGE）、CMOS（互补金属氧化物半导体）等。由于硅锗基芯片不能实现更高的集成度，因此雷达系统通常需要多个芯片和外围设备。基于SIGE技术的77 GHz毫米波雷达系统可以满足汽车的应用需求，但它占用了大量的板空间，且价格昂贵，使用成本也较高。

与硅锗双极晶体管相比，CMOS可以在低电压下工作，降低了功耗，虽然CMOS在低频区存在较大的噪声问题，但在77~79 GHz车载毫米波雷达的应用中，这类问题并不突出。

基于CMOS技术实现毫米波雷达的关键部件大大降低了整个雷达系统的成本，目前在毫米波雷达领域得到了更为广泛的应用。它使得毫米波雷达的成本降低，也使得毫米波雷达在智能网联汽车领域得到了大规模应用。

2. 收发模块

射频收发器前端是雷达系统的核心部件。前端主要包括波导结构的前端、微带结构的前端和前端的单片集成电路。典型的射频前端主要包括天线、线性VCO、放大器和平衡混频器部分，前端混频输出的中频信号通过中频放大送至下一级的数据处理部分。

3. 信号数据处理模块

信号数据处理部分的基本目标是消除不必要的信号（如杂波）和干扰信号，处理经中频放大的混频信号，从信号频谱中提取目标距离、速度等信息。

四、毫米波雷达的工作原理

车载毫米波雷达领域中应用比较广泛的是调频式连续毫米波雷达（FMCW）。FMCW雷达既可以测距又可以测速，而且在近距离测量方面有很大优势。FMCW雷达是利用多普勒效应进行障碍物的探测，它通过发射源（天线）向目标发射毫米波信号，在扫频周期内通过调频发射频率变化的连续波（常见的调频方式有三角波、锯齿波、编码调制或者噪声调频等），遇到障碍物体后，发射的电磁波被反射，产生与发射信号有一定频率差的回波，并分析发射信号频率和反射信号频率之间的差值，精确测量出目标相对于雷达的距离、运动速度和方位角等信息，其原理如图2-4-5所示。

1. 测距原理

雷达调频器通过天线发射毫米波信号，发射信号遇到目标后，经目标的反射会产生回波信号，发射信号与回波信号相比形状相同，时间上存在差值。以雷达发射三角波信号为例，发射信号与返回的回波信号对比如图2-4-6所示。

发射信号与反射信号间的频率差值直接取决于和目标之间的距离。距离越大，则发射信号接收的往返时间越长，并且发射频率与接收频率间的差值越大，如图2-4-7所示。

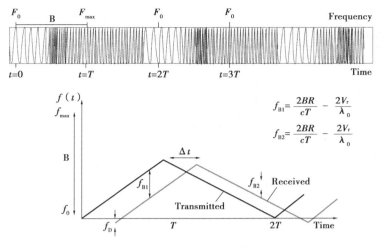

图 2-4-5 毫米波雷达工作原理

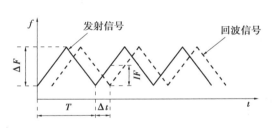

图 2-4-6 发射信号与返回的回波信号对比

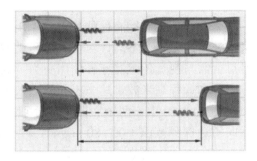

图 2-4-7 频率差值

2. 测速原理

当目标与雷达信号发射源之间存在相对运动时，发射信号与回波信号之间除存在时间差外，频率上还会产生多普勒位移。例如，当前方车辆快速行驶时，车距加大，由于多普勒效应，反射信号（Δf_D）的频率将变小。这将导致上坡（Δf_1）和下坡（Δf_2）时的频率产生差值，如图 2-4-8 所示。

3. 测量方位角原理

关于被监测目标的方位角测量问题，毫米雷达的探测原理如图 2-4-9 所示，通过毫米波雷达的发射天线 TX 发射出毫米波后，遇到被监测物体反射回来，通过毫米波雷达并列的接收天线 RX1、RX2，通过收到同一监测目标反射回来的毫米波的相位差，就可以计算出被监测目标的方位角。

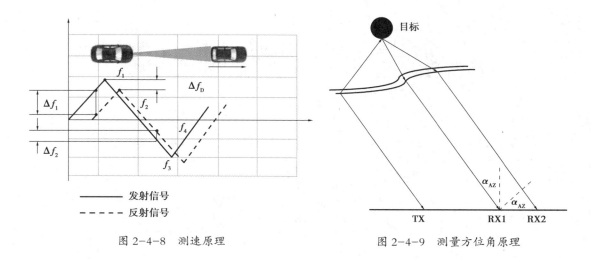

图 2-4-8 测速原理　　　　　　　　图 2-4-9 测量方位角原理

五、毫米波雷达的应用前景

毫米波雷达具有探测性能稳定、作用距离较长、识别精度高、环境适用性好等特点。但毫米波雷达分辨率不高，对行人探测反射波较弱，无法精确识别行人、交通标示符号和信号灯，需与视觉传感器互补使用。为了满足不同探测距离的需要，车内安装了大量的短程、中程和远程毫米波雷达。不同的毫米波雷达在车辆的前部、侧面和后部起着不同的作用。在图 2-4-10 中，两个后向雷达分别安装在车辆的左侧和右侧尾部，车后的灰色区域为后向雷达探测范围（0.1~80 m）；一个前向雷达安装在前保险杠中间位置，车前的灰色区域为前向雷达探测范围（1~200 m）。

图 2-4-10 车上的毫米雷达

毫米波雷达可实现自适应巡航控制、前向防撞报警、盲点检测、辅助停车、辅助变道、自主巡航控制等先进的巡航控制功能。

1. 自适应巡航（ACC）

自适应巡航是一种驾驶辅助功能，它可以按照设定的车速或距离跟随前面的车辆，或者根据前面的车速主动控制车辆的行驶速度，最终使车辆与前面的车辆保持安全距离。其优点是可以有效地解放驾驶员的脚，提高驾驶舒适性。在车辆行驶过程中，安装在车辆前部的毫米波雷达传感器连续扫描车辆前方环境，如图 2-4-11 所示，汽车的轮速传感器或其他车速传感器采集车速信号。当检测到前车，且根据自车车速、两车相对速度等判断距前车距离过小时，ACC系统可与防抱死制动系统和发动机控制系统协调工作，适当制动并降低发动机输出功率，使本车与前车始终保持安全距离，如图2-4-12所示。

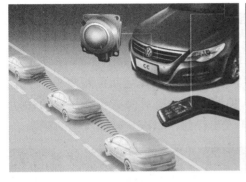

图2-4-11 扫描车辆前方环境

图2-4-12 自适应巡航

2. 自动紧急制动（AEB）

自动紧急制动是汽车的主动安全辅助装置，如图2-4-13所示。该系统使用毫米波雷达测量本车与前车或障碍物的距离，然后将测量的距离与报警距离和安全距离进行比较。当小于报警距离时系统会报警提示；当小于安全距离时，即使驾驶人没有来得及踩下制动踏板，AEB系统也会开始制动车辆，从而确保安全驾驶。AEB往往也被认为包含了前方防撞预警功能（FCW），如图2-4-14所示。

图2-4-13 自动紧急制动

图2-4-14 前方防撞预警功能

据统计表明，绝大多数交通事故是由于驾驶人注意力不集中造成的，AEB可以有效减少因注意力不集中导致的追尾事故以及追尾造成的损失。

3. 换道辅助系统

换道辅助系统（如图2-4-15所示）通过毫米波雷达、摄像头等传感器检测车辆与相邻侧的车道侧后方，获得车辆侧向和后方物体的运动信息，根据当前车辆的状态，结合环境感知情况，通过声音、灯光等方式提醒驾驶员，让驾驶员把握换道的最佳时机，防止因换道引起的交通事故。

换道辅助系统包括三个功能：盲点监测（BSD）、换道辅助（LCA）和后碰撞预警（RCW）。这三个功能的相互协作可有效防止变道、转弯时追尾等交通事故的发生，提高了车辆换道过程中的安全性能。其中，BSD 根据其对运动物体相对位置和车辆相对速度的判断，在车辆有盲区时，及时提醒驾驶员注意车道变换的风险，如图 2-4-16 所示。LCA 检测到目标车辆在相邻区域以相对较高的速度接近车辆，当两车之间的距离小于一定范围时，通过声音、灯光等方式提醒驾驶员。RCW 检测同一车道后面有相互靠近的移动物体，当有碰撞危险时，它会迅速通过声音、灯光等发出提醒，以减少碰撞发生的概率。

图 2-4-15　换道辅助系统

图 2-4-16　盲点监测

各类毫米波雷达在辅助驾驶中的应用及安装位置见表 2-4-1。

表 2-4-1　各类毫米波雷达在辅助驾驶中的应用及安装位置

毫米波雷达类型		近距离雷达	中距离雷达	远距离雷达
探测距离 /m		<60	100 左右	>200
工作频段 /GHz		24	77	77
功能	自适应巡航系统	—	前方	前方
	自动紧急制动系统	—	前方	前方
	前向碰撞预警系统	—	前方	前方
	自动泊车辅助系统	侧方	侧方	—
	盲区监测系统	前方、后方	侧方	—
	变道辅助系统	后方	后方	—
	后方碰撞预警系统	后方	后方	—
	行人监测系统	前方	前方	—
	驻车开门辅助系统	侧方	—	—

【知识链接】

毫米波雷达在国内汽车中的应用

小鹏P7(如图2-4-17所示)的自动驾驶感知系统采用的是"激光雷达＋视觉"方案,从最开始的Xpilot2.5到Xpilot3.0再到Xpilot3.5,该车已经可以实现"传感器＋高精度定位＋高精地图"的同步协同,且感知能力也在原来车型的基础上有着不错的提升。

图2-4-17　小鹏P7

毫米波雷达:采用博世的第五代毫米波雷达,对比第四代毫米波雷达,视场角从90°增大到100°,带宽从1 GB扩大到1.5 GB。

传感器:1个单目前置摄像头＋前置三目摄像头＋5个增强感知摄像头＋4个环视摄像头＋5个毫米波雷达＋12超声波雷达,共30个传感器。

摄像头:13个像素为200万的摄像头。其中,前置三目摄像头和5个增强感知摄像头主要用于自动驾驶的环境感知;至于其他摄像头,则主要用于360°全景影像、自动泊车和行车记录,形成双重感知融合系统。

得益于此,xpilot Parking超级自动泊车辅助系统也就拥有了VPA停车场记忆泊车以及智能泊车辅助系统功能。

从实际体验来看,融合超声波系统和全景视觉系统的小鹏P7,支持有线框的垂直、平行、斜列式车位,支持无线框的垂直、平行、斜列式车位。其中,VPA停车场记忆泊车功能可以按照用户设定的路线,开往停车路线。期间车辆可以自动转弯、会车、绕行、避让行人和其他车辆,并泊入终点附近已被系统记忆的车位,如图2-4-18所示。

图2-4-18　记忆泊车功能

【课后练习】

一、填空题

1. 车载毫米波雷达可分为_____、_____和_____。
2. 毫米波雷达系统主要包括_____、_____、收发模块、信号处理模块等。
3. 换道辅助系统包括_____、_____和_____三个功能。

二、选择题

1. 毫米波是指长度为（　　　　）的电磁波。
A. 1~10 mm　　　　B. 10~20 mm　　　　C. 20~30 mm　　　　D. 30~40 mm
2. 不属于毫米波雷达的类型是（　　　　）。
A. 24 GHz　　　　B. 77 GHz　　　　C. 79 GHz　　　　D. 88 GHz
3. 毫米波雷达的缺点是（　　　　）。
A. 探测性能差　　B. 作用距离短　　C. 识别精度差　　D. 分辨力差

三、简答题

1. 毫米波雷达在智能网联汽车上的应用主要有哪些？
2. 毫米波雷达测距原理是什么？

/任务五/ 认知激光雷达

激光雷达（LiDAR）是集激光、全球定位系统（GPS）和 IMU 惯性测量装置三大技术为一体的系统。与普通微波雷达相比，激光雷达由于使用的是激光束，工作频率较微波高了许多，因此具有其他雷达没有的优点，如分辨率高、隐蔽性好、抗有源干扰能力强、低空探测性能好、体积小、质量轻等。

【知识目标】

1. 能描述激光雷达的概念和内容；
2. 能描述激光雷达的组成；
3. 能解释激光雷达的应用范围。

【素质目标】

1. 通过对激光雷达的学习，让学生知道技术在不断进步，激发学生不断学习的兴趣；

2. 引导学生努力学习、终身学习；培养创新意识和工匠精神，促进智能网联汽车行业快速发展。

【任务实施】

一、激光雷达的概念

激光雷达是一种光学遥感传感器，它通过向目标物体发射激光，然后根据"接收—反射"的时间间隔确定目标物体的实际距离，根据距离及激光发射的角度，通过几何变化推导出物体的位置信息。激光雷达能够确定物体的位置、大小、外部形貌甚至材质。激光雷达采集到的物体信息呈现出一系列分散的、具有准确角度和距离信息的点，被称为点云。如图 2-5-1 所示为激光雷达工作过程中的点云图。

图 2-5-1　激光雷达工作过程中的点云图

与传统雷达使用无线电波相比，激光使用激光射线，其射线波长一般在 600~1 000 nm，远远低于传统雷达所使用的波长。因此，激光在测量物体距离和表面形状可达到更高的精准度，一般精准度可以达到厘米级。由于激光的传播受外界环境影响较小，激光能够检测的距离一般可达 100 m 以上。

二、激光雷达的类型

1. 按扫描方式分类

车载激光雷达根据其扫描方式的不同，可分为机械激光雷达和固态激光雷达。

（1）机械激光雷达

机械激光雷达外表上最大的特点就是有机械旋转机构，如图 2-5-2 所示。智能网联测试车车顶上较复杂的圆柱形装置，即为机械式激光雷达，如图 2-5-3 所示。机械激光雷达调试、装配工艺复杂，生产周期长，成本居高不下，并且机械部件寿命不长（约 1 000~3 000 小时），难以满足苛刻的车规级要求（至少 1 万小时以上）。另外，机械激光雷达由于光学结构固定，适配不同车辆往往需要精密调节其位置和角度。因此，激光雷达量产商都在着手开发性能更好、体积更小、集成化程度更高，并且成本更低的激光雷达。

图 2-5-2　机械激光雷达

图 2-5-3　智能网联车上的机械激光雷达

（2）固态激光雷达

固态激光雷达由于不存在旋转的机械结构，其结构简单、尺寸小，如图 2-5-4 所示，所有的激光探测水平和垂直视角都是通过电子方式实现的，并且装配调试可以实现自动化，能够量产，成本大幅降低，设备的耐用性也有效地提高了。但是，固态激光雷达在不良天气条件下检测性能较差，不能实现全天候工作。并且，机械激光雷达能进行 360° 范围的扫描，而固态式激光雷达一般为 120° 范围的向前扫描。根据技术路线不同，固态激光雷达又分为光学相控阵 OPA（Optical Phased Array）激光雷达、微机电系统 MEMS（Micro-Electro Mechanical Systems）激光雷达和 3D Flash 激光雷达。

• 光学相控阵激光雷达

光学相控阵激光雷达采用相控阵原理实现，完全消除了机械结构，通过调整发射阵中各发射单元的相位差来改变激光的出射角。光学相控阵通常由其相位的电子束扫描控制，因此也被称为电子扫描技术。光学相控阵激光雷达的核心技术包括光学相控阵、光学集成电路和远场辐射模式，它是一种没有机械固件的纯固态激光雷达，如图 2-5-5 所示。

• 3D Flash 激光雷达

3D Flash 激光雷达是一种发射面阵光的非扫描雷达，是一种聚焦于二维或三维图像的激光雷达，如图 2-5-6 所示。虽然它的稳定性和成本都很好，但是探测距离很近。基于三维闪光技术的固态激光雷达在技术可靠性方面存在问题。

• MEMS 激光雷达

MEMS 激光雷达是指将所有机械部件集成到一个芯片中，通过半导体工艺生产的固态激光雷达。它消除了机械旋转结构，从根本上降低了激光雷达的成本，如图 2-5-7 所示。

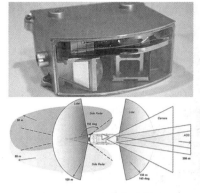

图 2-5-4　固态激光雷达　　　　　图 2-5-5　光学相控阵激光雷达

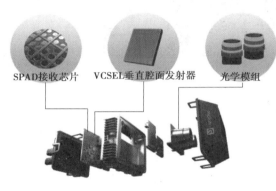

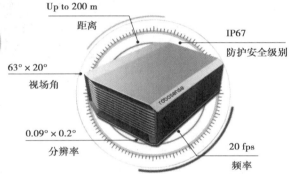

图 2-5-6　3D Flash 激光雷达　　　　　图 2-5-7　MEMS 激光雷达

2. 按雷达线数分类

根据线数的多少，激光雷达还可分为单线激光雷达与多线激光雷达。

（1）单线激光雷达

单线激光雷达扫描一次只产生一条扫描线，其所获得的数据为 2D 数据，因此无法区别有关目标物体的 3D 信息，如图 2-5-8 所示。由于单线激光雷达比多线激光雷达的角频率和灵敏度更快，所以，在测试周围障碍物的距离和精度上都更加精确。但是，单线雷达只能平面式扫描，不能测量物体高度，有一定局限性。目前，单线激光雷达主要应用于服务机器人身上，如扫地机器人。在智能车上，单线激光雷达主要用于规避障碍物、地形测绘等领域。

（2）多线激光雷达

多线激光雷达扫描一次可产生多条扫

图 2-5-8　单线激光雷达

描线，主要应用于障碍物的雷达成像，相比单线激光雷达在维度提升和场景还原上有了质的改变，可以识别物体的高度信息，目前市场上多线激光雷达产品包括4线、8线、16线、32线、64线等。图2-5-9所示为多线激光雷达扫描的不同类型障碍物的点云图，包括汽车、人、墙、树木等。

图 2-5-9　多线激光雷达

3. 按功能方式分类

激光雷达按照功能用途，可以分为激光测距雷达、激光测速雷达、激光成像雷达、大气探测雷达和跟踪雷达等；按激光发射波形分类可分为连续型激光雷达和脉冲型激光雷达；按载荷平台分类可分为机载激光雷达、车载激光雷达等；按探测方式分类可分为直接探测激光雷达和相干探测激光雷达。

三、激光雷达的组成

激光雷达由发射光学系统、接收光学系统、主控及处理电路板、探测器接收电路模块、激光器及驱动模块组成。激光雷达系统主要包括一个单束窄带激光器和一个接收系统。激光器产生并发射一束光脉冲，打在物体上并反射回来，最终被接收器所接收，如图2-5-10所示。接收器准确地测量光脉冲从发射到被反射回的传播时间。因为光脉冲以光速传播，所以接收器总会在下一个脉冲发出之前收到前一个被反射回的脉冲。由于光速是已知的，传播时间即可被转换为对距离的测量。结合激光器的高度、激光扫描角度，从 GPS 得到的激光器的位置和从 INS 得到的激光发射方向，就可以准确地计算出每一个地面光斑的坐标 X、Y、Z。激光束发射的频率可以从每秒几个脉冲到每秒几万个脉冲。举例而言，一个频率为每秒一万次脉冲的系统，接收器将会在一分钟内记录六十万个点。一般而言，激光雷达系统的地面光斑间距在 2~4 m。

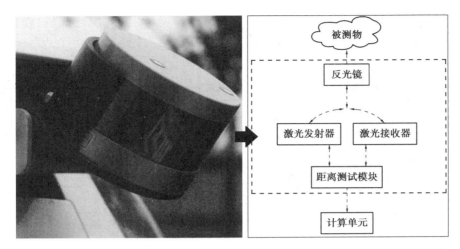

图 2-5-10　激光雷达的组成

四、激光雷达的工作原理

激光雷达的工作原理与普通雷达非常相近，以激光作为信号源，由激光器发射出的脉冲激光，打到地面的车辆、行人、树木、道路、桥梁和建筑物上，引起散射，一部分光波会反射到激光雷达的接收器上，根据激光测距原理计算，就得到从激光雷达到目标点的距离。脉冲激光不断地扫描目标物，就可以得到目标物上全部目标点的数据，用此数据进行成像处理后，就可得到精确的三维立体图像。激光雷达最基本的工作原理与无线电雷达没有区别，即由雷达发射系统发送一个信号，经目标反射后被接收系统收集，通过测量反射光的运行时间而确定目标的距离。至于目标的径向速度，可以由反射光的多普勒频移来确定，也可测量两个或多个距离，并计算其变化率而求得速度，这也是直接探测型雷达的基本工作原理，其工作原理如图 2-5-11 所示。

激光雷达接收系统采用了各种形式的光电探测器，如光电倍增管、半导体光电二极管、雪崩光电二极管、红外线和可见光多元探测器等。激光雷达使用两种工作模式：脉冲和连续波。根据探测原理，探测方法可分为米散射、瑞利散射、拉曼散射、布里渊散射、荧光、多普勒等。

实时激光雷达一般分为 16 线、32 线、64 线、96 线、128 线。雷达测距的精度非常重要，以 96 线激光雷达为例，它具有 1° 分辨率，如果行人在 50 m 以外，假如只有一条激光脉冲线，显然不能区分行人的轮廓。但是在夜间，激光雷达难以单独识别人，毫米波雷达只能识别障碍物，对热敏信息无法识别，如图 2-5-12 所示。

激光雷达能精确测量目标位置（距离和角度）、运动状态（速度、振动和姿态）以及目标的形状，并进行识别分辨和跟踪。高频激光器可以在 1 s 内获得 106~107 个数量级的位置点云信息，并根据这些信息进行三维建模，如图 2-5-13 所示。

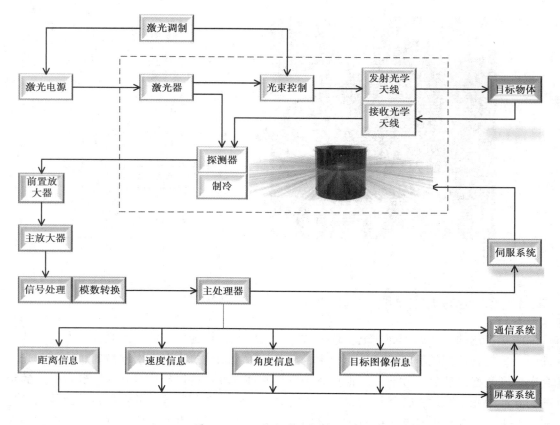

图 2-5-11　激光雷达工作原理图

图 2-5-12　夜间的激光雷达

图 2-5-13　三维建模

　　除了获得位置信息，它还可以通过激光信号的反射率初步区分不同的材料。

　　目标的径向速度可以通过反射光的多普勒频移来确定，激光雷达发射的激光照亮物体，被物体散射并返回激光接收器接收。激光测量模块根据发射前后的激光信息处理三维坐标、距离、方位角、反射强光等数据。其中，由于不同物体的反射率不同，激光雷达可以根据回波的反射光强（0~255 级）来区分物体的不同区域，其精度可达毫米级。

现今市场上主流的车载激光雷达主要是基于三种原理来测距：三角测距法、飞行时间（Time of Flight，TOF）法和调幅连续波（Amplitude Modulated Continuous Wave，AMCW）测距法。下面以飞行时间（TOF）法为例介绍激光雷达的测距原理。如图 2-5-14 所示，TOF 法就是根据激光遇到障碍物后的折返时间，通过光速计算目标与雷达的相对距离。激光光束可以准确测量视场中物体轮廓边沿与设备间的相对距离，这些轮廓信息组成点云图并绘制出 3D 环境地图，如图 2-5-15 所示。

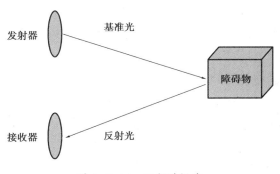

图 2-5-14　飞行时间法

图 2-5-15　绘制的 3D 环境地图

从原理上来说，TOF 雷达可以测量的距离更远。实际上，在一些要求测量距离较远的场合，比如智能网联汽车应用，几乎都是使用 TOF 雷达。TOF 激光雷达采用脉冲激光采样，并且还能严格控制视场以减少环境光的影响，这些都是长距离测量的前提条件。另外，在转速一定的情况下，采样率（每秒能够完成的点云测量次数）决定了每一帧图像的点云数目以及点云的角分辨率。角分辨率越高，点云数量越多，则图像对周围环境的描绘就越细致。

三种测距方案各具优缺点，将车载激光雷达需具备的五个核心能力作为选型的维度对上述三种测距方法进行了总结对比，见表 2-5-1。

表 2-5-1　三种测距方法总结

测距方案	探测距离	探测精度	抗强光能力	光功率	成本
三角测距法	最近	近距离精度高远距离精度低	不具备	低	低
TOF 法	最远	高	强	适中	适中
AMCW 测距法	适中	适中	适中	高	适中

五、激光雷达的应用前景

1. 定位导航

在运动定位中，位置传感器提供了智能车的大致的定位信息，在此基础上，激光雷达从环境中感知的信息用来在小范围内和已知地图匹配，实现对位置传感器定位的校正。激光雷达在定位中最主要的作用就是对位置传感器定位的校正。

2. 障碍检测及运动目标跟踪

根据激光雷达数据的特点，利用点和线段特征来描述环境；提取出当前时刻的点或线段特征，与已知地图进行匹配，从而得到车辆的位姿估计。这种方法需要建立环境的地图，并在已知地图的基础上进行定位，解决对环境地图的描述和地图自动生成问题、环境地图的匹配问题以及定位的精度问题。在无人驾驶系统中，实现障碍物的检测常用的传感器有双目立体相机、激光雷达等。相比于双目立体相机，激光雷达在深度信息的准确性以及检测范围上要更为出色，如图 2-5-16 所示。

3. 在车辆检测与智能交通信号控制中的应用

在重要交通路口的信号控制系统中，通过地面三维激光扫描仪对道路一定距离进行连续扫描，可以获得道路上实时、动态的车流量点云数据，可以得到高精度的车流 DEM 数据，利用这些车流 DEM 数据可以获取道路车辆到达信息。

激光雷达能弥补视频检测和监控的不足，使智能交通信号控制系统能够获取实时的交通模型和车流实时信息反馈，并检测车辆排队长度，预测短暂未来交通流趋势，从而实时调整周期、绿信比和相位差以适应不同的交通流，减少拥堵，降低延误，提高道路通行能力，如图 2-5-17 所示。

图 2-5-16　激光雷达检测范围

图 2-5-17　车辆检测与智能交通信号控制中的应用

【知识链接】

激光雷达在国内汽车中的应用

华为激光雷达产品的研发始于 2016 年，与其他激光雷达公司不同，华为从一开始就选择高难度姿势：高性能、车规级、能大规模量产，而非从传统机械式激光雷达切入。

图 2-5-18　华为96线激光雷达

华为 96 线激光雷达（如图2-5-18所示）核心参数和主要技术：

看得远：华为激光雷达可以做到 150 m 的测距；

看得宽：该款激光雷达水平 FOV（视场角）为 120°；

近端看得准：垂直 FOV 为 25°；

看得清：分辨率可以做到 0.25°×0.26°。

华为 96 线激光雷达的参数配置基本可以实现城区行人车辆检测覆盖，并兼具高速车辆检测能力，符合中国复杂路况下的场景。华为激光雷达首先要解决实际行驶过程中的主要难点场景，如图 2-5-19 所示。

远距小障碍物场景

近距离加塞场景

近端突出物场景

隧道场景

十字路口左拐场景

地库场景

图 2-5-19　主要难点场景

①近距离加塞。激光雷达由于精确的角度测量能力和轮廓测量能力，可以 2~3 帧确认加塞，百毫秒内做出判断。而毫米波雷达的角分辨率不够，摄像头通常来说需累计多帧，需要几百毫秒才可以确认加塞。

②近端突出物。激光雷达同样可以做出快速判断，而毫米波雷达和摄像头则不行。

③十字路口左拐场景。考验激光雷达大角度全视场测量能力，需同时满足大视场和远距测量能力。

④隧道场景。无需多说，出隧道瞬间摄像头弊端明显，激光雷达完美解决。

⑤地库场景。毫米波雷达由于多径反射性能不佳，光线强弱变化又会影响摄像头的性能，激光雷达的独特优势可以很好弥补。

【课后练习】

一、填空题

1. 车载激光雷达根据其扫描方式的不同，可分为_____和_____。
2. 激光雷达由_____、_____、_____、_____、_____、激光器及驱动模块组成。
3. 车载激光雷达主要是基于三种原理测距：_____、_____和_____。

二、选择题

1. 不属于实时激光雷达的是（　　　）。
A. 16 线　　　　　　　B. 32 线　　　　　　C. 64 线　　　　　　　　D. 97 线
2. 按照功能用途不属于激光雷达的是（　　　）。
A. 激光测距雷达　　　　　　　　　B. 激光测速雷达
C. 固态激光雷达　　　　　　　　　D. 大气探测雷达
3. 以下探测方案探测距离最远，探测精度最高的是（　　　）。
A. 三角测距法　　　B. TOF 法　　　　C. AMCW 测距法　　　D. 四边形法

三、简答题

1. 简述激光雷达的应用前景。
2. 简述激光雷达的概念。

/任务六/　认知环境感知技术融合

　　各类传感器因其测量原理，在环境感知方面都有各自明显的优缺点。毫米波雷达具有耐候性，可以全天工作，但分辨率不够高，无法区分人与物；摄像头具有较高的分辨率，可以感知颜色，但受强光影响较大。激光雷达可以提供具有三维信息的特性，对环境的可重构性很强，但受天气影响较大。毫米波雷达可以弥补激光雷达、视觉传感器在环境适应性上的不足，视觉传感器或者激光雷达可以弥补毫米波雷达在目标分类上的不足等。

【知识目标】

1. 能描述多传感器融合的概念和内容；
2. 能描述多传感器融合的方法；
3. 能解释多传感器融合的应用范围。

【素质目标】

1. 通过对多传感器融合的学习，让学生知道技术在不断进步，激发学生不断学习的兴趣；
2. 激发学生的民族自豪感和职业精神，培养创新意识，为国家经济发展做贡献。

【任务实施】

一、多传感器融合的概念

多传感器融合又称多传感器信息融合，有时也称为多传感器数据融合，它是一种获取多种信息的，对表示及其内在联系进行综合处理和优化的技术。每种传感器都各具特色，但每一种传感器并不能采集目标的所有信息。例如，摄像头 CMOS 芯片在浓雾、下雨、刺眼阳光和光照不足的情况下会遇到麻烦，而激光雷达缺少目前成像传感器所具有的高分辨率，等等。可见，自动驾驶汽车要安全运作，必须保证多种传感器协同工作，优势互补，共同组成自动驾驶的环境感知解决方案。多种传感器的特点见表 2-6-1。

表 2-6-1　多种传感器

类型	优点	缺点	探测范围	功能
激光雷达	精度高、探测范围较广，可以构建车辆周边环境 3D 模型	容易受到雨、雪、雾等恶劣天气影响，技术不够成熟，成本较高	200 m 内	障碍物探测识别 车道线识别 辅助定位 地图构建
摄像头	可对物体几何特征、色彩及文字等信息进行识别。可通过算法实现对障碍物距离的探测技术，成熟成本低廉	受光照变化影响大，容易受到恶劣环境干扰	最远探测范围可超过 500 m	障碍物探测识别 车道线识别 辅助定位 道路信息读取 地图构建
毫米波雷达	对烟雾、灰尘的穿透能力较强，抗干扰能力强，对相对速度、距离的测量准确度非常高	测量范围相对 Lidar 更窄，难以辨别物体大小和形状	200 m 以内（中远）	障碍物探测

续表

类型	优点	缺点	探测范围	功能
超声波雷达	技术成熟、成本低，受天气干扰小，抗干扰能力强	测量精度差、测量范围小、距离近	3 m 以内（近距）	障碍物探测
GNSS/IMU	通过对卫星三角定位和惯性导航进行结合实现对车辆进行定位	容易受到城市建筑、隧道等障碍物的干扰使得测量精度大打折扣	广域高精度定位保持在10 m 以内	车辆导航、定位

二、多传感器融合技术的基本原理

多传感器融合技术是通过各种车载传感器对环境信息进行感知，并将信息传送至信息融合中心，结合数据库中的存储信息进行综合分析，实现对周围环境和正在发生的事件做出精准评估。

环境感知是通过摄像头、激光雷达、毫米波雷达、超声波雷达、陀螺仪、加速度计等传感器，感知周围环境信息和车辆状态信息。环境信息主要包括道路信息、周边车辆与行人信息。道路信息包括道路的宽度、坡度、交通标志灯；周边车辆信息包括车辆大小、行驶的速度、加速度、方向等；周边行人信息包括行人的数量、位置及行走方向等，如图 2-6-1 所示。

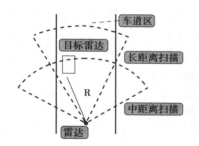

图 2-6-1　环境感知

智能网联汽车环境感知数据库的主要作用是对汽车上各种传感器采集的外部场景数据进行分析，并呈现无人驾驶车辆的实际情况。以 KITTI 数据集为例，该数据集是视觉图像与三维雷达数据的融合，利用 KITTI 数据集可以实现车辆在真实应用环境下立体图像、光流、视觉距离测量、三维目标检测、三维跟踪等计算机视觉技术的性能评测。该数据集包含从城市、郊区、乡村和高速公路等场景采集的真实图像数据，整个数据集由 389 对立体图像和光流图、在测评里程内的视觉测距序列和超过 200 kB 的三维标记对象图像组成。完整的数据集应包括立体数据、光流数据、视觉里程计数据、目标跟踪数据、道路解析数据等，如图 2-6-2 所示。

图 2-6-2　数据集

汽车自动化的程度越高，集成在车辆中传感器的数量和类型也越多，只有这样才能够保证信息获取充分且有冗余，保障车辆自动行驶的安全，如图 2-6-3 所示。为了保证行车安全性，必须对传感器进行信息融合。多传感器融合可以显著提高系统的冗余度和容错性，从而保证决策的速度性和正确性，这是自动驾驶系统向先进的自动驾驶方向发展，最终实现无人驾驶的必然趋势。

图 2-6-3　传感器

传感器融合从融合等级上分为原始数据级融合、特征数据级融合和目标数据级融合。在单一传感器中，越靠近原始数据，干扰信号和真实信号并存的可能性越大，即越早启动融合，真实信息的保留和干扰信息的去除效果越好，但同时也为数据同步、处理算法计算量带来相应的挑战。在实际应用中，应结合感知需求、芯片计算能力选择合适的融合架构和方法，构建由各类传感器信息组成的数字环境，实现智能网联汽车的环境理解。

三、多传感器融合体系

多传感器融合体系结构分为分布式、集中式和混合式三种。

1. 分布式

分布式多传感器融合体系结构是先对各个独立传感器所获得的原始数据进行局部处理，然后再将结果送入信息融合中心进行智能优化组合来获得最终的结果。分布式多传感器对通信带宽的需求低，计算速度快，可靠性和延续性好，但跟踪的精度却远没有集中式高，如图 2-6-4 所示。

2. 集中式

在集中式多传感器融合体系中，将各传感器获得的原始数据直接送至信息融合中心进行融合处理，可以实现实时融合。它的优点是数据处理的精度高，算法灵活；缺点是对处理器的要求高，可靠性较低，数据量大，故难以实现，如图 2-6-5 所示。

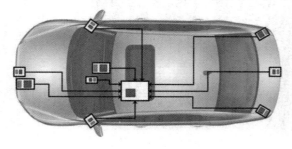

图 2-6-4　分布式　　　　　　　　　　　　图 2-6-5　集中式

3. 混合式

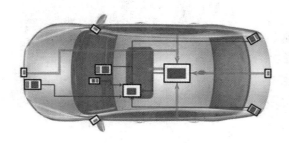

图 2-6-6　混合式

在混合式多传感器信息融合框架中，部分传感器采用集中式融合方式，剩余的传感器采用分布式融合方式。混合式融合框架具有较强的适应能力，兼顾集中式和分布式的优点，稳定性强。混合式融合方式的结构比前两种融合方式的结构复杂，这样就加大了在通信和计算方面的代价，如图 2-6-6 所示。

四、多传感器融合的方法

在以目标身份估计为目的的体系结构下，根据多传感器信息融合技术抽象程度的不同，可以将其划分为三个层次：像素级融合、特征级融合、决策级融合。一般情况下，具体应用方案应根据系统特点进行合理选择。

（1）像素级融合

像素级融合又称为数据级融合，如图 2-6-7 所示，它将同类别的传感器采集的原始数据进行融合，最大可能地保留了各预处理阶段的细微信息。但是，由于融合进行在数据的最底层，计算量大且容易受不稳定性、不确定性因素的影响。同时，由于数据融合精确到像素级的准确度，因而无法处理异构数据。

（2）特征级融合

特征级融合是通过各传感器的原始数据结合决策推理算法，对信息进行分类、汇集和综合，提取出具有充分表示量和统计量的属性特征，如图 2-6-8 所示。根据融合内容，特

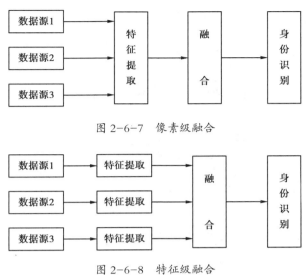

图 2-6-7　像素级融合

图 2-6-8　特征级融合

征级融合又可以分为目标状态信息融合和目标特性融合两大类。其中，前者的特点是先进行数据配准，以实现对状态和参数的相关估计，更加适用于目标跟踪；后者是借用传统模式识别技术，在特征预处理的前提下进行分类组合。

（3）决策级融合

决策级融合的特点是高层次，需要处理不同类型的传感器对同一观测目标的原始数据，并完成特征提取、分类判别，生成初步结论，然后根据决策对象的具体需求，进行相关处理和高级决策判决，获得简明的综合推断结果，如图 2-6-9 所示。决策级融合具有实时性好、容错性高的优点，面对一个或者部分传感器失效时，仍能给出合理决策。

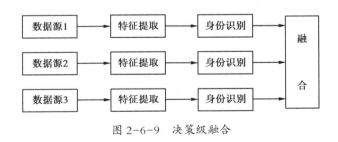

图 2-6-9　决策级融合

五、我国多传感器融合技术的应用

在智能网联汽车所需的传感器中，摄像头和激光雷达有很强的互补性。激光雷达获取的深度数据精度高，不容易受外界环境光照情况影响。摄像头采集的图像分辨率高，更擅长辨别色彩。

因此，很多智能网联汽车采用了"激光雷达 + 摄像头"的融合方案，比如 Waymo 即采用了多颗低线束激光雷达融合摄像头的技术方案。

【课后练习】

一、填空题

1.根据多传感器信息融合技术抽象程度的不同，可以将其划分为三个层次：_____、
_____、_____。

2.多传感器融合体系结构分为_____、_____和_____三种。

3.传感器融合从融合等级上分为_____、_____和_____。

二、选择题

1.环境感知不能通过哪种传感器感知周围环境信息和车辆状态信息？（   ）

A. 摄像头　　　　　　　B. 激光雷达　　　　　　　C. 毫米波雷达　　　　　D. 发射器

2.以下传感器具有精度高、探测范围较广，可以构建车辆周边环境 3D 模型的特点的
是（   ）。

A. 激光雷达　　　　　　B. 毫米波雷达　　　　　　C. 超声波雷达　　　　　D. 摄像头

3.可以实现车辆导航、定位的传感器是（   ）。

A. GNSS/IMU　　　　　　B. 毫米波雷达　　　　　　C. 超声波雷达　　　　　D. 摄像头

三、简答题

1.简述多传感器融合的概念。

2.简述多传感器融合的基本原理。

项目三 | 智能网联汽车高精度定位与导航系统

随着自动驾驶各领域技术的快速发展，自动驾驶的功能正快速走进我们的日常生活，并逐步影响着我们的驾驶习惯。人们在体验自动驾驶带来的舒适和便利的同时，也持续关注其安全问题。随着自动驾驶功能的不断升级，高精度定位与导航系统的价值得到了广泛的认可，是自动驾驶不可或缺的信息源。

/任务一/ 认知高精地图

地图是地理信息空间的载体,它是将客观现实世界中的空间特征以一定的数学法则(即模式化)符号化、抽象化,将空间特征表示为形象符号模型或者图形数学模型。

【知识目标】

1. 能说出高精地图的概念；
2. 能描述高精地图的特点；
3. 能阐述高精地图的采集与生成；
4. 能说明其他形式的高精地图；
5. 能描述高精地图的应用前景。

【素质目标】

1. 通过学习我国高精地图的发展，引导学生了解我国的基本国情，树立政治意识和大局意识；
2. 通过学习高精地图，激发学生的民族自豪感和时代精神，实现可持续发展。

【任务实施】

一、高精地图的概念

高精地图可以分为狭义高精地图和广义高精地图两种。狭义高精地图在传统图形地图上定义的精度更高、内容更详细的地图，如定义了车道和交通标志的地图。广义的高精地图直接为我们构建了一个真实的三维世界。除了绝对位置的形状信息和拓扑关系外，还包括点云、语义和特征等属性。高精地图是指绝对精度和相对精度均在亚米级的高分辨率、高丰度要素的电子地图，也称为三维高精地图，简称 HD Map 或 HAD Map，一般指静态的高精度路网信息。动态高精地图是指包含了道路网上的动态变化信息要素的高精地图，如路口红绿灯状态、道路动态通行指标、路网变化情况等，简称 Live HD Map。

二、高精地图的特点

高精地图与传统地图相比，高精地图信息的丰富性和准确性都有显著的提升。高精地图包含的信息有以下内容和特点。

①为了实现车道级导航、路径规划功能，需要在原始地图数据中抽象道路结构，形成由顶点组成的拓扑图形结构，同时为了优化数据的存储，需要将道路用连续的曲线段来表示。

②除道路参考线外，高精地图还应描述道路的连通性。例如，路口中没有车道线的部分，需要将所有可能的行驶路径抽象成道路参考线，在高精地图数据库中体现。

③除了记录道路参考线、车道边缘（标线）和停车线外，高精地图数据库还需要记录无车道道路的拓扑结构，且除车道的几何特性外，道路模型还包括车道数、道路坡度、功能属性等。

④对象模型记录道路和车道行驶空间范围边界区域的元素，模型属性包括对象的位置、形状和属性值。这些地图元素包括路牙、护栏、互通式立交桥、隧道、龙门架、交通标志、可变信息标志、轮廓标志、收费站、电线杆、交通灯、墙壁、箭头、文字、符号、警告区、分流区等。

高精地图与普通电子地图的对比见表 3-1-1。

表 3-1-1　普通地图与高精地图对比

	普通电子地图	高精地图
精度	一般电子地图精度在 10 m 左右，商用 GPS 精度为 5 m	高精地图的精度在厘米级别（Google、Here 等高精地图精度在 10~20 cm 级别）
数据维度	传统电子地图数据只记录道路级别的数据	高精地图不仅增加了车道属性相关数据，还能够明确区分车道线类型、路边地标等细节

	普通电子地图	高精地图
作用及功能	传统地图提供辅助驾驶的导航功能，本质上与传统经验化的纸质地图是类似的	高精地图通过"高精度＋高动态＋多维度"数据，目的是为自动驾驶提供自变量和目标函数的功能。高精地图相比传统地图有更高的重要性
使用对象	普通的导航电子地图是面向驾驶员，供驾驶员使用的地图数据	高精地图是面向机器的供自动驾驶汽车使用的地图数据
数据的实时性	数据的实时性要求较低	高精地图对数据的实时性要求更高

对于自动驾驶系统，导航系统需要提供更高精度的路径，引导车辆达到目的地，需要将环境中尽可能丰富的信息提供给自动驾驶系统。作为存储静态、准静态交通信息的数据库，为了满足自动驾驶系统的导航、路径规划要求，高精地图需要提供更精细、精确的交通信息。高精地图在自动驾驶中，不仅可以用于导航、路径规划，还可以为环境感知和理解提供先验知识，辅助车载传感器实现高精度定位。高精地图被普遍认为是 L3 级及以上自动驾驶不可缺少的关键技术。

动态交通信息的更新需要实时反映在地图上，以确保智能网联汽车驾驶的安全。实现实时高精地图在技术存在诸多难点，大量信息安全、信息完整、数据更新、高速传输等问题需要解决。但是随着智能网联汽车的广泛应用、车联网技术的发展，更丰富的动态交通信息分享可以使汽车更智能。

三、高精地图的采集与生成

传统电子地图主要依靠卫星图片产生，然后由 GPS、北斗卫星等定位，这种方法可以达到米级精度。高精地图需要达到厘米级精度，仅靠卫星与 GPS 是不够的。为了确保数据生产的安全性和准确性，高精地图有严格规范的生产流程。

高精地图与传统地图相比，具有不同的采集原理和数据存储结构。传统地图依赖于拓扑结构和传统的数据库，将各种元素作为对象堆放在地图上，将道路存储为路径。高精地图为了提高存储效率和机器可读性，在存储时分为矢量层和对象层。高精地图与传统地图相比，具有不同的采集原理和数据存储结构，如图 3-1-1 所示。

在高精地图的生产过程中，通过提取车辆上传感器采集的原始数据，获取高精地图特征值，构成特征地图；在此基础上，进一步提取、处理和标注矢量图形，包括道路网络信息、道路属性信息、道路几何信息和道路上主要标志的抽象信息，如图 3-1-2 所示。

1. 高精地图模型

（1）道路模型

为了实现和提高路径规划功能，需要将现实世界的道路结构进行抽象，形成以顶点与边组成的拓扑图形结构。图中的边以弧形线段表示，线段中由一系列顺序的点表示线的基

（a）原始点云　　　　　　　　　　　　　　　（b）分类点云

（c）单体白膜　　　　　　　　　　　　　　　（d）精细模型

图 3-1-1　高精地图的采集

图 3-1-2　提取信息生成高精地图

本形状走势。在道路拓扑模型中除了要标示出道路走势，还要描述道路的连通关系，这种连通关系是通过定点确定的。道路模型除了图形属性，还包括车道数量、道路等级、功能属性等。

（2）车道模型

车道模型记录了车道的行驶参考线及车道的边线（标线）及停止线等。车道模型还记录了车道与道路拓扑的关系。

（3）对象模型

对象模型是记录道路和车道行车空间范围边界区域内要素的，模型属性包括对象的位置、形状及属性值。这些地图要素包括路牙、护栏、立交、隧道、龙门架、交通标牌、可变信息标牌、轮廓标、收费站 / 杆、交通灯、墙面、箭头、文本、符号、警示区、导流区等。对象模型中的数据通常用于辅助环境感知，并辅助于高精度定位。

2. 高精地图的采集方法

首先，根据用户应用的需要对地图产品进行规划，制定生产规划；然后，数据信息采集部门开始收集数据信息；接着，对收集的数据进行处理编辑绘制地图；最后，对数据进行转换编译，生成矢量母库，完成生产环节，进入发布环节。

（1）实地采集

实地采集是制作高精地图的第一步，主要通过采集车的现场采集来完成。采集的核心设备是激光雷达、高精度差分—惯导—卫星定位系统，它通过激光反射形成点云，完成对环境中各种物体的采集，并通过高精度定位系统记录行驶轨迹和环境中物体的高精度位置信息，如图 3-1-3 所示。

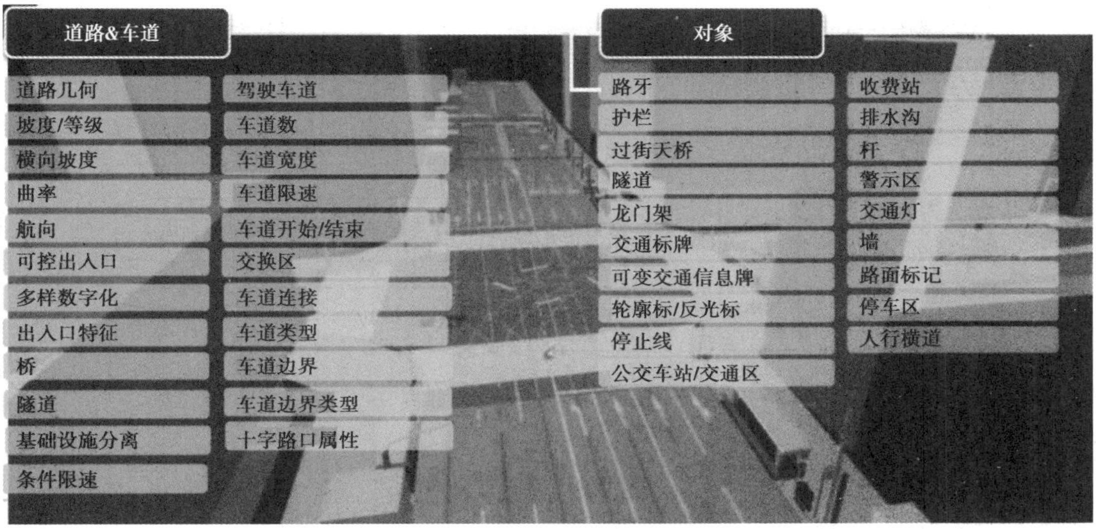

道路&车道		对象	
道路几何	驾驶车道	路牙	收费站
坡度/等级	车道数	护栏	排水沟
横向坡度	车道宽度	过街天桥	杆
曲率	车道限速	隧道	警示区
航向	车道开始/结束	龙门架	交通灯
可控出入口	交换区	交通标牌	墙
多样数字化	车道连接	可变交通信息牌	路面标记
出入口特征	车道类型	轮廓标/反光标	停车区
桥	车道边界	停止线	人行横道
隧道	车道边界类型	公交车站/交通区	
基础设施分离	十字路口属性		
条件限速			

图 3-1-3　实地采集

图 3-1-4 为百度公司的一辆高精地图采集车。该采集车搭载了激光雷达、摄像头、差分卫星定位系统和惯性导航系统等核心设备，可以精确识别交通标志、地面标志、车道线、桥梁、灯柱和护栏等。专业采集车采集的数据包括高精度轨迹、图像、激光点云数据。其中，轨迹包括了精度、纬度、海拔、航向、倾角、俯仰角及速度信息。

图 3-1-4　采集车

在数据采集过程中，高精地图采集车会以 60~80 km/h 的速度在道路上平稳行驶，同时采集员需要实时监控副驾驶位置的采集系统和设备的工作状态，并且根据天气和环境状况选择不同的摄像头参数。由于专业采集设备较昂贵，每辆采集车需要的设备成本甚至多达数百万元，出于成本考虑，专业的采集设备不能无限制地扩张。面对日益增长的市场需求及全区域覆盖的要求，现在大多数企业采用相互合作的方式完成。

（2）信息处理

采集的数据成果进入内业处理流程，数据处理利用人工智能技术自动提取和拟合，减少人工操作，加快了数据生产并节省了人力成本。在自动融合和识别环节，将采集到的每秒 10 帧左右的图像数据信息自动融合，简单来讲就是将图像、点云、GPS 等数据叠加到一起。然后进行车道线、信号灯、人行横道、交通标志牌、路杆等道路元素的分类与提取（图 3-1-5）。另外，在采集过程中同一条道路上双向采集之后采集到的重复数据也会在这个环节自动进行整合，删除重复内容。这一步，相当于是视频剪辑中的粗剪，只不过是自动完成的。

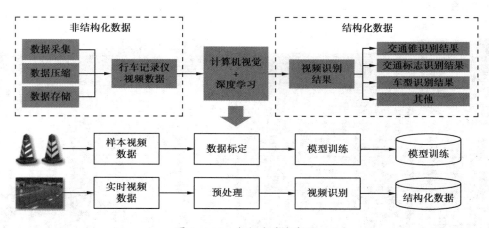

图 3-1-5　数据分类与提取

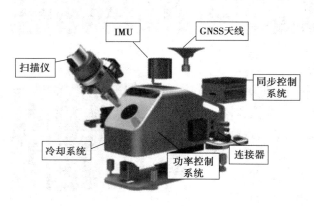

图 3-1-6　信息处理

信息处理的过程包括人工处理、深度学习的感知算法（图像识别）等。采集的设备越精密，采集的数据越完整，就可以降低算法所需的不确定性。收集到的数据越不完整，就需要更多的算法来补偿数据缺陷，也可能会产生更大的误差，如图 3-1-6 所示。

由于自动化处理阶段无法达到 100% 精准，因此还需要利用人工智能技术和专业人员对数据进一步处理，该过程主要包括地图矢量化、编辑、检查核对、确认生效等工作。这一步，相当于视频制作中的精剪、输出成片阶段。图3-1-7为高精地图的矢量化过程示意图。

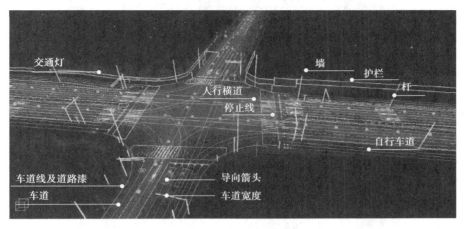

图 3-1-7　高精地图的矢量化过程示意图

（3）分发平台

完成对数据的交互编辑后，要对数据进行转换编译，生成矢量母库，通过自动化测试后，完成高精地图的生产环节，最后，通过不同平台进行地图的发布。

（4）后续更新

因为道路的整改工作会经常发生，包括突发性路况。后续地图更新也可以采取众包方式或与政府实时交通处理部门合作来解决。

四、其他形式的高精地图

1. 众包数据构建高精地图

使用安装了成本相对低廉的车载传感器的智能网联汽车收集路况与道路特征，然后通过深度学习和图像识别算法将其转换为结构化数据，生成高精地图众包信息。数据来源于用户，而且服务于用户，不仅可以向此类车辆提供高精地图、还可以提供高精度定位服务。

国内外的汽车厂商也积极采用众包采集方式为各自品牌的汽车提供相关服务。Mobileye 与上汽集团、四维图新合作推出的 REM（Road Experience Management）计划，是通过车辆摄像头以众包的方式上传道路数据，制作高精地图。同样，车辆可以通过摄像头捕捉到的道路标识以及地图数据，实现高精度定位。图 3-1-8 为众包采集的道路场景示意图。

省级高速	火车站	路口
夜间	雨天	隧道

图 3-1-8　众包采集的道路场景示意图

2. 实时定位与地图构建

实时定位与地图构建（SLAM）是一种在机器人领域广泛使用的地图构建与定位技术。它可以使用激光、视觉、红外线等传感器，在机器人移动过程中获取传感器检测的环境特征，进一步识别行驶过程中不同时刻环境特征中类似的部分，将检测到的环境信息进行拼接，对行驶过的环境进行基于当前传感器信息的完整描述，即高精地图构建，如图 3-1-9 所示。

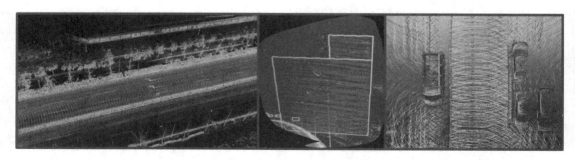

图 3-1-9　实时定位与地图构建

在汽车领域，可以用于 SLAM 构建高精地图的传感器主要有视觉传感器和激光雷达，这些传感器的共同特点是能够获取足够丰富的环境信息，尤其是环境中物体的轮廓点云，可以满足运动过程中两个连续时刻采集的环境信息中，有足够丰富的特征去匹配和拼接，如 3-1-10 所示。

图 3-1-10　用传感器获取信息

五、高精地图的应用前景

高精地图数据提供道路甚至车道的曲率值，当车辆转弯时可以根据曲率进行提前减速，控制传感器甚至大灯转向辅助。高精地图也提供隧道等详细信息，车辆在进入前可以提前开启大灯或调整传感器感光参数。高精地图提供了坡度，能够辅助车辆控制油门节省能源。高精地图提供了各种交通标志和提示信息标牌的精确位置及形状能够辅助车辆进行高精度定位。高精地图的限速信息精确到车道，能够为车辆提供精准的限速信息，智能网联汽车用以精准控制执行器操作其应用如图 3-1-11 所示。

矢量元素分类	用途
交通标志审查	全自动交通标志识别
车道线	建立在 Ground T/1 基础上的车道线
可行驶边界线	表现边界的边缘，阻碍车辆行驶
标志/限速级别/标志关联	根据安全规定控制汽车行驶
指示灯/红绿灯	在真实位置应用指示灯信息
指示灯关联	关联指示灯信息
虚拟车道线/车道线元素	生成车道元素
停车/慢行标志	在特定位置为车辆提供减速慢行信息
人行道/减速带	为车辆提供行人范围信息
十字路口区域ZOI/转弯车道	提供十字路口信息，使车辆减速慢行
车道优先级	为车辆判断车道优先行驶级别
路面印记	如停车线
区域性路面标志	如地面限速值，行驶方向

图 3-1-11　高精地图的应用

1. 辅助高精度定位

高精地图中包含了丰富的对象数据，车辆通过传感器对道路周边进行感知，识别并提取出道路周边的对象并与地图中要素对象进行匹配，再通过 GPS 粗定位信息进行融合可以实现车辆位置信息的精准定位。

2. 辅助环境感知

与视觉、雷达等传统环境感知传感器相比，在静态物体检测方面，高精地图不受环境、障碍物等的干扰。当道路环境被其他物体遮挡或者超出了传感器感知范围时，高精地图能够辅助车辆对行进方向环境完成超视距感知。此外，智能网联汽车感知重构周围三维场景时，可以利用高精地图作为先验知识减少数据处理时的搜索范围。智能网联汽车可以根据当前位置在高精地图中快速检索出周边的车道标线、地面箭头、文字以及路边护栏、路牙、标识标牌等信息，同时通过各类传感器的实际探测比对，最终得到准确的固定环境感知。

3. 辅助动态路径规划

车辆在拥有高精度定位功能前提下，在无外部环境干扰的情况下可以根据高精地图的车道参考线规划出一条静态路径，指引车辆前进到达目的地。但由于现实中道路环境存在各种干扰情况，包括其他车辆、行人等，因此车辆需要更复杂的传感器进行感知决策，以决定行进中是否需要换道，进而触发重新进行路径规划。高精地图提供车道中心线，以及车道中心线连通关系，智能网联汽车可以在这个数据基础上结合当前位置及前进方向进行有限范围（如 10 km 范围内）准实时的车道级路径规划，规划结果用于辅助决策单元生成控制指令。以上过程在车辆行驶过程中反复被触发调用，其中需要依赖的核心数据就是高精地图的车道级几何和拓扑关系。

4. 与 V2X 协同合作

在 V2X 环境中，V2X 系统与高精地图分工合作，通过路侧基础设施（信号灯、标识牌等 RSU）与车辆进行通信，车辆能够直接获取道路基础环境信息及其变化情况，并能够利用基础设施进行高精度定位。高精地图用于车道规划和对于能发射信号的基础设施的感知，如路肩、隔离带等。高精地图云中心可以通过与基础设施中的道路边缘计算网格进行通信，实现信息的收集与分发。

【知识链接】

高精地图在国内的发展

目前国内高精地图行业呈现三足鼎立格局——百度地图、高德地图、四维图新。

高德地图成立于 2001 年，是一家总部位于中国的导航电子地图内容和位置服务解决方案提供商，具备国家甲级导航电子地图测绘和甲级航空摄影的"双甲"资质，其优质的电子地图数据库是公司的核心竞争力。2016 年高德地图开始在高精地图上布局。目前该公司已经实现覆盖中国超过 30 万 km 的高速及城快公路的高精数据采集，实现绝对精度 50 cm，相对精度 10 cm，在采集里程和数据精度方面处于行业领先地位。

　　高德地图公布了高德的高精地图技术路线图，三步走加速自动驾驶的商业化进程。高德为自动驾驶提供的高精地图解决方案是一个完整体系，包括了地图及定位系统、云服务、车辆控制系统、车载硬件甚至车载信息娱乐系统之间的多向交互。从技术发展上看，高德的高精地图技术发展将经历三个阶段。

　　第一阶段的关键词是高精数据，其核心是建立能够满足商业化需求，实现高精地图数据采集和更新的流水线。

　　第二阶段的关键词是融合定位，重点是利用高精地图数据及环境信息，实现基于差分和高精惯导、航位推算等手段的高精绝对定位能力，以及基于视觉识别、点云匹配等手段的高精相对定位能力。

　　第三阶段的关键词是动态信息，重点是在实现了精准定位的基础上，为自动驾驶提供动态、实时的数据服务，如动态交通信息、智慧红绿灯等交通设施信息、施工等临时或突发信息等。基于这些动态信息，高德的云端交通大脑不仅能实现不同交通参与者的全局最优调度，更能为每个自动驾驶用户带来更舒适、安全的乘坐体验。

【课后练习】

一、填空题

　　1.高精地图为了提高存储效率和机器可读性，地图在存储时分为＿＿＿＿＿＿＿＿＿＿和＿＿＿＿＿＿＿＿。

　　2.高精度定位是＿＿＿＿＿＿＿＿的关键核心技术。所谓高精度是指定位精度要达到＿＿＿＿＿＿＿。

　　3.高精地图包含的道路交通信息很丰富，可分为＿＿＿＿＿＿＿＿、＿＿＿＿＿＿＿＿、＿＿＿＿＿＿＿和＿＿＿＿＿＿＿。

　　4.在自动驾驶过程中，高精地图起到了＿＿＿＿＿＿＿＿、＿＿＿＿＿＿＿＿、＿＿＿＿＿＿等作用。

二、选择题

　　1.以下不属于高精地图的制作过程的是（　　　　）。

　　A.实地采集　　　B.信息处理　　C.人工处理　　　D.后续更新

　　2.以下不属于高精地图模型的是（　　　　）。

　　A.道路模型　　　B.行人模型　　C.车道模型　　　D.对象模型

　　3.高精地图精度在（　　　）厘米级别。

　　A.10~20　　　　B.20~30　　　C.30~40　　　　D.40~50

三、简答题

1. 简述高精地图的概念。
2. 简述高精地图的特点。
3. 简述普通电子地图和高精地图的区别。

／任务二／ 认知高精度定位系统

高精度定位是高精地图有效应用的重要前提，也是智能驾驶系统自主导航、自动驾驶的重要前提。在车载传感器定位受限情况下，可以为智能驾驶系统提供有效的辅助定位信息。

【知识目标】

1. 能说出高精度定位系统的作用；
2. 能描述高精度定位系统的要求；
3. 能说明高精度定位系统的组成；
4. 能阐述高精度定位系统的关键技术；
5. 能说明我国北斗卫星导航系统的建设与发展。

【素质目标】

1. 通过学习我国北斗卫星导航系统建设发展，引导学生树立不断探索的科学精神，提高科学素养；
2. 通过学习高精度定位系统，引导学生关注全球议题。

【任务实施】

一、高精度定位系统的作用

高精度定位系统用来提供车辆的位置、姿态等信息。对于智能网联汽车而言，定位的重要性不言而喻，它可以帮助车辆了解自己相对于外界环境的精准位置，从而做出正确的决策，同时辅助感知系统，得到更加准确的检测和跟踪结果。

二、高精度定位系统的要求

高精度定位在自动驾驶中起决定作用，是实现无人驾驶或者远程驾驶的基本前提，因此对定位性能的要求也非常严苛。智能网联汽车，尤其是在 L4、L5 级的体系中，对实时动态高精度定位能力的需要是刚性的、不可或缺的，定位精度一般要求达到厘米级，实时性要求 100 Hz 以上，系统可用性要求达到 99.999 99% 的级别。

- 高精度：达到厘米级。
- 高可用性：智能网联汽车测试已经从封闭的场景转移到更开放的场景，这要求定位系统能处理更多、更复杂的情况。
- 高可靠性：定位的输出是感知、规划与控制的输入，如果定位系统出现偏差将会导致很严重的后果。
- 自主完好性检测：由于系统的可靠性只能做到非常接近 100%，但是难以达到真正的 100%，这要求系统在无法提供准确输出的时候，能及时地警告用户采取措施避免发生事故，因此，要求定位系统保证较低的虚警率与漏警率。

随着智能网联汽车等级的提高，汽车行业对高精度定位的需求将会越来越迫切，高精度定位服务在汽车行业的应用具有非常广阔的前景。

三、高精度定位系统的组成

高精度定位系统主要包括终端层、网络层、平台层和应用层，如图 3-2-1 所示。其中，终端层实现多源数据融合（卫星、传感器及蜂窝网数据）算法，保障不同应用场景、不同业务的定位需求；网络层包括 5G 基站、RTK 基站和路侧单元（Road Side Unit, RSU），为定位终端实现数据可靠传输；平台层提供一体化车辆定位平台功能，包括差分解算能力、地图数据库、高清动态地图、定位引擎，并实现定位能力开放；应用层基于高精度定位系统能够为应用层提供车道级导航、线路规划、自动驾驶等应用。

1. 终端层

为满足车辆在不同环境下的高精度定位需求，需要在终端采用多源数据融合的定位方案，包括基于差分数据的 GNSS 定位数据、惯性导航系统数据、传感器数据、高精地图数据以及蜂窝网数据等。

2. 网络层

系统网络层主要实现信号测量和信息传输，包括 5G 基站、RTK 基站和 RSU 的部署。5G 作为更新一代的通信技术，可以保证较高的数据传输速率，满足高精地图实时传输的需求。5G 基站也可完成与终端的信号测量，上报平台，在平台侧完成基于 5G 信号的定位计算，为车辆高精度定位提供辅助。基于 5G 边缘计算，可实现高精地图信息的实时更新，提升高精地图的实时性和准确性。

地基增强站主要完成 RTK 测量，地基增强站可以与运营商基站共建，大大降低网络

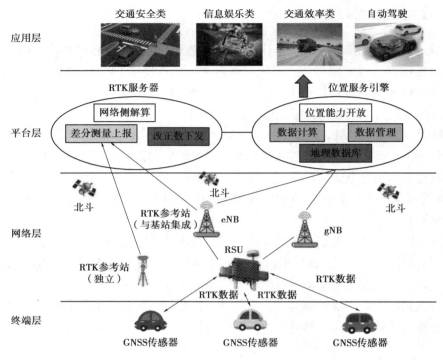

图 3-2-1　高精度定位系统

部署以及运维成本。同时可通过 5G 网络实现 RTK 基站测量数据的传输，可实现参考站快速灵活部署。一方面，RSU 可实现 RTK 信息播发，避免传统的 RTK 定位中终端初始位置的上报；另一方面，RSU 可提供局部道路车道级地图、实时动态交通信息广播。

3. 平台层

平台层可实现功能模块化，主要包括高精地图、交通动态信息、差分解算、数据管理、数据计算。

（1）高精地图

静态高精地图包含的各种信息，如车道线、车道中心线、车道属性变化等，道路的曲率、坡度、航向、横坡等参数，能让车辆准确地转向、制动和爬坡等；此外它还包含交通标志牌、路面标志等道路部件，标注出特殊的点如 GNSS 消失的区域、道路施工状态等。

（2）交通动态信息

交通动态信息包括道路拥堵情况、施工情况、交通事故、交通管制和天气情况等动态交通信息。

（3）差分解算

平台通过 RTK 基站不断接收卫星数据，对电离层误差、对流层误差、轨道误差以及多路径效应等误差在内的各种主要系统误差源进行了优化分析，建立整网的电离层延迟、对流层延迟等误差模型，并将优化后的空间误差发送给移动车辆。

（4）数据管理

数据管理包括全国行政区数据、矢量地图数据、基础交通数据、海量动态应急救援车辆位置数据、导航数据、实时交通数据、POI（Point of Interest，兴趣点）数据等，这里的数据是经过数据生产工艺，进行整合编译后的运行数据。

（5）数据计算

数据计算包括路径规划、地图静态数据计算、动态实时数据计算、大数据分析、数据管理等功能。

4. 应用层

应用层为用户提供地图浏览、规划路线显示、数据监控和管理等功能，以及基于位置的其他车联网业务，如辅助驾驶、自动驾驶等。

四、高精度定位系统的定位方法

根据场景以及定位性能的需求不同，车辆定位方案是多种多样的。常用的定位技术有全球导航卫星（Global Navigation Satellite System，GNSS）技术、惯性导航（Inertial Navigation System，INS）技术、航迹推算（Dead-Reckoning，DR）技术、路标定位技术、高精地图匹配定位技术、无线电（如蜂窝网、局域网等）定位技术、视觉定位技术、同时定位与地图创建（Simultaneous Localization and Mapping，SLAM）技术等。由于任何一种单独定位技术都有无法克服的弱点，智能网联汽车通常需要组合定位技术来实现精准定位。组合定位技术融合了两种或两种以上的不同类型的定位传感器信息，实现优势互补，以获得更高的定位性能。

五、高精度定位系统的关键技术

1. 全球卫星导航系统

全球导航卫星系统（Global Navigation Satellite System，GNSS），又称全球卫星导航系统，是能在地球表面或近地空间的任何地点为用户提供全天候的三维坐标、速度以及时间信息的空间无线电导航定位系统。它包括一个或多个卫星及其支持特定工作所需的增强系统，如图3-2-2所示。

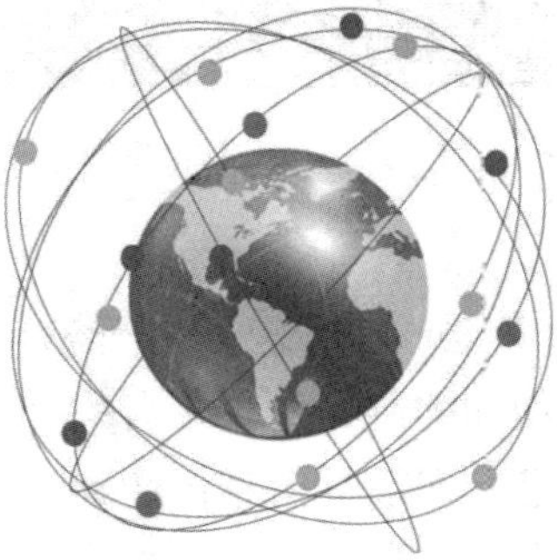

（1）全球导航卫星系统分类

全球卫星导航系统国际委员会公布的全球4大卫星导航系统供应商，包括中国的北斗卫星导航系统（BDS）、美国的全球定位系统（GPS）、俄罗斯的格洛纳斯卫星导航系统（GLONASS）和欧盟的伽利略卫星导航系统（GALILEO）。其中GPS是世界上第一个建立并用于导航定位的全球系统，GLONASS经历快速复苏后已成为全球第

图3-2-2　全球导航卫星系统

二大卫星导航系统，二者正处现代化的更新进程中；GALILEO 是第一个完全民用的卫星导航系统，正在试验阶段；BDS 是中国自主建设运行的全球卫星导航系统，为全球用户提供全天候、全天时、高精度的定位、导航和授时服务。

（2）北斗卫星定位系统

北斗卫星导航定位系统服务于中国及周边国家，它广泛应用于船舶运输、公路运输、铁路运输、海上作业、渔业生产、水文预报、森林防火、环境监测等行业，以及军事、公安、海关等有特殊指挥调度要求的单位。北斗导航定位系统覆盖范围为东经 70°~140°，北纬5°~55°。在地球赤道面上配备了两颗地球同步卫星，赤道角约为 60°，如图 3-2-3 所示。

北斗卫星定位系统由空间段、地面段和用户段三部分组成，如图 3-2-4 所示。

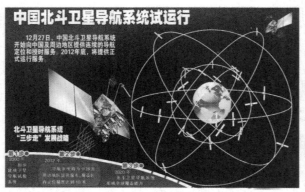

图 3-2-3　北斗卫星导航系统卫星角度

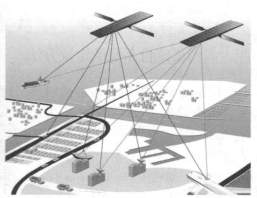

图 3-2-4　北斗卫星定位系统组成

图 3-2-5　空间段

• 空间段

北斗卫星导航系统空间段由 35 颗卫星组成，其中地球静止轨道卫星 5 颗、中地轨道卫星 27 颗、倾斜同步轨道卫星3 颗。5 颗地球静止轨道卫星的固定位置为东经 58.75°、80°、110.5°、140°和 160°。中地轨道卫星运行在 3 个轨道面上，轨道面均匀分布 120°，如图 3-2-5所示。

• 地面段

北斗卫星定位系统地面段由主控站、注入站和监测站组成。主控站用于系统运行管理和控制，接收来自监测站的数据，并对其进行处理，生成卫星导航信息和差分完整性信息，然后将信息传送到注入站进行发送。注入站用于向卫星发送信号、控制和管理卫星，在接收到主控站调度后，向卫星发送卫星导航信息和差分完整性信息。监测站用于接收卫星信号并将其发送到主控站进行卫星监测，以确定卫星轨道，并为时间同步提供观测，如

图 3-2-6 所示。

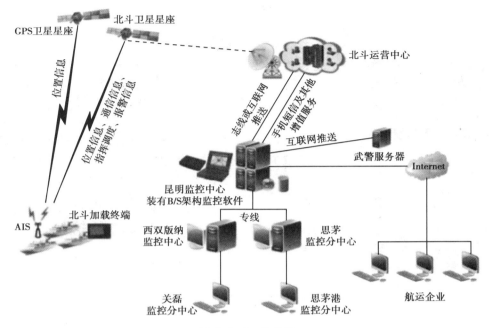

图 3-2-6　地面段

• 用户段

用户段包括北斗用户终端和与其他卫星导航系统兼容的终端。接收器需要捕捉和跟踪卫星的信号，并根据数据以一定的方式进行定位计算，最终获得用户的纬度、经度、海拔、速度、时间等信息。北斗卫星定位系统可以为全世界各种用户提供全天候、高精度、高可靠性的定位、导航和定时服务，具有短消息通信能力，最初提供了区域导航、定位和定时功能，定位精度为 10 m，测速精度为 0.2 m/s，定时精度为 10 ns，如图 3-2-7 所示。

北斗系统用户终端系统最多可容纳 54 万人 / 小时的用户，具有双向消息通信功能，用户可一次发送 40~60 个汉字的短消息信息。一次可以传输多达 120 个汉字的信息。北斗系统具有精确的定时功能，为用户提供 20~100 ns 的时间同步精度，标准站的水平精度为 100 m（1σ），20 m（类似于差分状态），北斗系统工作频率为 2 491.75 MHz，如图 3-2-8 所示。

（3）GPS 卫星定位系统

GPS（Global Positioning System）定位卫星星座有 24 颗卫星，它们均匀分布在 6 个轨道面上，轨道倾角为 55°，每一轨道面相距 60°，即轨道的高度为 60°。各轨道平面上卫星间的仰角相隔 90°，其中一个轨道平面上的卫星比西部相邻轨道平面上相应的卫星提前 30°，如图 3-2-9 所示。

GPS 是由美国国防部研制的全球首个定位导航服务系统，1990—1999 年为系统建成并进入完全运作能力阶段，1993 年实现 24 颗在轨卫星满星运行。其中，24 颗导航卫星平

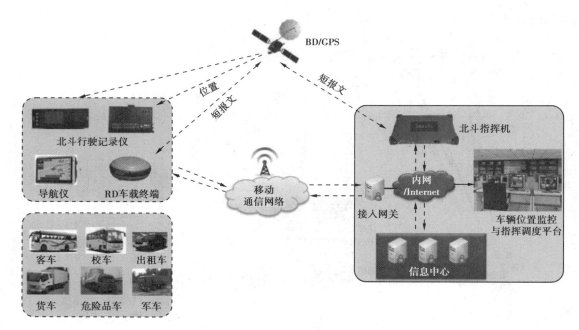

图 3-2-7　用户段

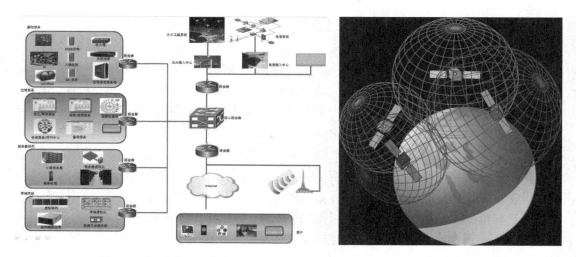

图 3-2-8　用户段工作过程　　　　　　　　　　图 3-2-9　轨道分布

均分布在 6 个轨道面上，保证在地球的任何地方可同时见到 4~12 颗卫星，使地球上任何地点、任何时刻均可实现三维定位、测速和测时，使用世界大地坐标系（WGS-84）。

（4）GLONASS 卫星定位系统

GLONASS 的空间星座由 27 颗工作星和 3 颗备用星组成，均匀地分布在 3 个近圆形的轨道平面上。这 3 个轨道平面两两相隔 120°，使用苏联地心坐标系（PZ-90）。

（5）GALILEO 卫星定位系统

GALILEO 是欧盟于 2002 年批准建设的卫星定位系统，计划由分布在 3 个轨道平面上的 30 颗中等高度轨道卫星构成。每个轨道平面上有 10 颗卫星，其中 9 颗正常工作，1 颗运行备用，轨道平面倾角 56°，轨道高度为 24 126 km，其民用精度较高，使用世界大地坐标系（WGS-84）。

已部署或者在建的 GNSS 系统情况和技术数据见表 3-2-1。

表 3-2-1　已部署或者在建的 GNSS 系统情况和技术数据

名称	GPS	GLONASS	GALILEO	BDS
国家	美国	俄罗斯	欧盟	中国
组网卫星数 / 个	24~30	30	30	24~30
轨道平面数	3	3	6	3
轨道高度 /km	26 560	25 510	23 222	21 150
轨道倾角	55°	64.8°	56°	55°
运行周期	11H58M	11H15M	13H	12H55M
测地坐标系	WGS-84	PZ-90	WGS-84	CGCS2000
使用频率 /GHz	1.228 1.575	1.597~1.617 1.240~1.260	1.164~1.300 1.559~1.592	1.207~1.269 1.561~1.590

2. 全球导航卫星系统的定位原理

GNNS 定位系统是利用卫星基本三角定位原理、接收装置以测量无线电信号的传输时间来测量距离，如图 3-2-10 所示。3 个卫星组成 1 个三角形，通过计算 3 个卫星位置几何数据，并融合同步计算结果，从而计算出当前接收器的卫星坐标位置。通常，GPS 接收器会使用第四颗卫星的位置对前三个卫星的位置测量进行确认，以达到更好的效果。假设我们测量到第一颗卫星的距离为 18 000 km，就可以把当前可能位置范围限定在离第一颗卫星 18 000 km 的地球表面。接下来，假设我们测量到第二颗卫星的距离为 20 000 km，那么我们可以进一步把当前位置范围限定在距离第一颗卫星 18 000 km 和距离第二颗卫星 20 000 km 的交叉区域。然后我们再对第三颗卫星进行测量，通过三颗卫星的距离交会点定位出当前的位置。

只要得到卫星几何平面的参数及无线电传播时间，就能计算得到智能网联汽车的位置。但在实际工程应用中，卫星信号的传播还受大气电离层、云层、树木、高楼、城市、峡谷等遮挡、反射、折射以及多路径干扰，从而影响测距信息的准确度。为了降低天气、云层对 GPS 信号的影响，出现了其他 GPS 技术，如差分 GPS（Differential GPS, DGPS）。如图 3-2-11 所示，DGPS 技术通过在一个精确的已知位置（基准站）上安装 GPS 监测接收机，计算得到基准站与 GPS 卫星的距离，然后再根据误差修正结果提高定位精度。

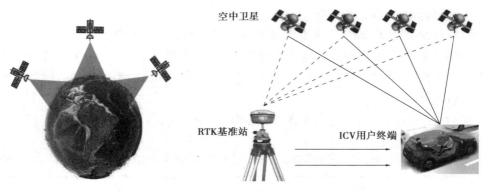

图 3-2-10　定位原理　　　　　图 3-2-11　根据基准站计算位置

　　差分 GPS 分为两大类，即位置差分和距离差分。距离差分又分为两类，即伪距差分和载波相位差分。目前，很多智能网联汽车公司如百度、小马等，都采用了实时动态载波相位差分技术——RTK（Real-Time Kinematic）技术。RTK 技术是实时处理两个基站载波相位观测量的差分方法，即将基准站采集的载波相位发送给用户接收机，通过求差解算坐标。RTK 可使定位精度达到厘米级，这也是很多智能网联汽车公司采用 RTK 技术定位的原因。但 RTK 也存在的一定的问题：基站铺设成本较高；非常依赖卫星数量，比如在一些桥洞和高楼大厦的环境下，可视的卫星数量会急剧下降；容易受到电磁环境干扰；在受到遮挡时，信号丢失，没有办法做定位等。因此目前采用 RTK 定位技术实现大规模量产商用的可行性不高。

3. 惯性导航系统

　　惯性导航系统（INS）是利用惯性测量单元（IMU）的角度和加速度信息来计算载体的相对位置的一种定位技术。IMU 利用陀螺仪或加速度传感器等惯性传感器的参考方向和初始位置信息来确定载体位置。惯性导航涉及力学、控制理论、计算机技术、测试技术、精密机械技术等，是一门综合性很强的应用技术。典型的六轴 IMU 由 6 个传感器组成，这些传感器排列在 3 个正交轴上，每根轴上都有 1 个加速度计和 1 个陀螺仪，如图 3-2-12 所示。陀螺仪测量物体三轴的角速率，用于计算载体姿态；加速度计测量物体三轴的线加速度，可用于计算载体速度和位置，其外观如图 3-2-13 所示。

图 3-2-12　六轴 IMU　　　　　图 3-2-13　加速度计外观

（1）惯性导航系统的基本工作原理

惯性导航系统的基本工作原理是以牛顿力学定律为基础，测量载体在惯性参考系的加速度和角加速度信息，再将这些测量值对时间进行一次积分，求得运动载体的速度、角速度，之后进行二次积分求得运动载体的位置信息，然后将其变换到导航坐标系，得到在导航坐标系中的速度、偏航角和位置等信息，其工作原理框图如图 3-2-14 所示。一般情况下惯性导航系统会结合 GPS 使用，并融合经纬度信息以提供更精确的位置信息。

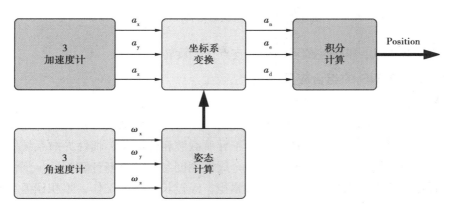

图 3-2-14　惯性导航系统的基本工作原理

（2）加速度计

加速度计可以测量载体的瞬时加速度信息，根据计算获得载体的瞬时速度和位置；陀螺仪可以测量瞬时角速率或角位置信息，提供各轴（及其上加速度计）在各时刻的方向。基于上述过程，空间载体的瞬时运动参数，包括直线运动和角运动参数，都可以由 IMU 测量得到。惯性导航可以利用这些测量值来计算载体的空间位置和速度，并且通过 IMU 提供的三轴角速度数据估计车辆姿态，如侧倾、俯仰和航向等。

常用的 MEMS 加速度传感器，根据加工工艺，可分为块状硅微加速度传感器和表面工艺微加速度传感器；根据不同的测量原理，还可分为压阻式、压电式、隧道式、电容式和热式。MEMS 加速度传感器在车辆稳定性控制系统中早已得到普遍应用，在智能网联汽车惯性导航领域，也是重要的传感器之一。

（3）陀螺仪

根据陀螺转子主轴的进动程度陀螺仪可分为二自由度陀螺和单自由度陀螺。根据支撑系统又可分为滚珠轴承陀螺、液浮 / 气浮和磁悬浮陀螺、挠性陀螺和静电陀螺。根据物理原理还可分为转子陀螺、半球谐振陀螺、微机械陀螺、环形激光陀螺和光纤陀螺，其结构和安装位置如图 3-2-15 所示。

陀螺仪的工作原理是转子可以在内部框架内高速旋转，旋转轴称为旋转轴，旋转角速度称为旋转角速度。内框可以绕内框轴相对于外框自由转动，外框绕外框轴相对于支架自由转动，两个旋转的角速度称为牵连角速度。旋转轴、内框架轴和外框架轴的轴线相交于

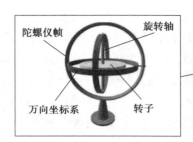

图 3-2-15　陀螺仪的结构及安装位置

一点，称为陀螺支点，整个陀螺可以围绕支点任意旋转。

4. GNSS 和 INS 的组合应用

惯性导航在实现过程中，惯性系统既不向载体外部发送信号，也不接收来自外部的信号，是一种完全自主的导航。惯性导航系统信号还可用于协助接收器天线与定位导航卫星对准，从而减少干扰对系统的影响。相对于导航载波相位测量，惯性导航系统能够很好地解决卫星定位导航周期跳变和信号丢失后全周模糊度参数的重新计算问题。惯性导航系统的缺点主要是定位误差随着时间的推移而累积，经过长时间的工作，累积误差会有不同程度的变化。

INS 利用安装在载体上的惯性器件敏感载体的运动，输出载体的姿态和位置信息。具有很强的自主性、保密性、灵活性。它的机动性强，具备多功能参数输出，但是导航精度随时变化，不能长时间单独工作，必须连续校准。

GNSS 由于需要接受足够数量的卫星才能够实现定位，受各种物理、电磁信号等遮挡影响比较大。从 GNSS 和 INS 的优缺点来看，两者具有很强的互补性。在短时间内 INS 的误差比 GNSS 小，但长时间使用时，必须通过 GNSS 离散测量值进行修正，通过抓取系统漂移量，达到快速估计状态参数与收敛的目的。当卫星定位导航信号受到高强度干扰或卫星系统接收机故障时，惯性导航系统可独立进行导航定位。另外，惯性导航系统具有定位精度高、数据采样率高等特点，能在短时间内为卫星定位导航提供辅助信息，利用这些辅助信息，接收机可以保持较低的跟踪带宽，从而提高系统获取卫星信号的能力。当卫星定位导航信号条件显著改善以允许跟踪时，惯性导航系统向卫星定位导航接收器提供有关初始位置、速度等信息，以便快速重新获取导航代码和载波。

GNSS 是一种相对准确的定位传感器，但更新频率较低，不能满足实时计算的要求。

INS 的定位误差会随着运行时间的增加而增大，但由于它是一种高频传感器，可以在短时间内提供稳定的实时位置更新。

5. SLAM 自主导航系统

同时定位与地图构建（Simultaneous Localization And Mapping，简称 SLAM）通常是指在机器人或者其他载体上，通过对各种传感器数据进行采集和计算，生成对其自身位置姿态的定位和场景地图信息的系统。SLAM 起源于机器人领域，其问题可以描述为：机器人在未知环境中开始启动，并尝试从一个未知位置开始移动，在移动过程中根据自身位置估计和地图匹配进行自身定位，然后在自身定位的基础上实现运动中拓展地图，最终实现全局机器人的自主定位和导航。一般来讲，SLAM系统通常都包含多种传感器和多种功能模块。而按照核心的功能模块来区分，目前常见的智能网联汽车SLAM系统一般具有两种形式：基于激光雷达的SLAM（激光SLAM）和基于视觉的SLAM（Visual SLAM或VSLAM）。激光SLAM系统通过对不同时刻两片点云的匹配与比对，计算激光雷达相对运动的距离和姿态的改变，也就完成了对机器人自身的定位。激光雷达距离测量比较准确，误差模型简单，在强光直射以外的环境中运行稳定，点云的处理也比较容易。同时，点云信息本身包含直接的几何关系，使机器人的路径规划和导航变得直观。激光SLAM理论研究也相对成熟，落地产品更丰富。以谷歌汽车为例，车辆携带有GPS，通过GPS对位置进行判断，并以激光雷达SLAM点云图像与高精地图进行坐标配准，匹配后确认自身位置。

视觉SLAM可以从环境中获取海量的、富于冗余的纹理信息，拥有超强的场景辨识能力。

【知识链接】

我国北斗卫星导航系统的建设与发展

北斗卫星导航系统（BDS）是中国着眼于国家安全和经济社会发展需要，自主建设、独立运行的全球卫星导航系统，是为全球用户提供全天候、全天时、高精度的定位、导航和授时服务的国家重要时空基础设施。

中国高度重视北斗卫星导航系统建设发展，自20世纪80年代开始探索适合国情的卫星导航系统发展道路，形成了"三步走"发展战略。第一步，建设北斗一号系统。第二步，建设北斗二号系统。第三步，建设北斗三号系统。按照计划，2035年，我国还将建设更加泛在、更加融合、更加智能的综合定位导航授时体系。北斗将以更强的功能、更优的性能服务全球。北斗卫星导航系统自提供服务以来，已在交通运输、农林渔业、水文监测、气象测报、通信时统、电力调度、救灾减灾、公共安全等领域得到广泛应用，融入国家核心基础设施，产生了显著的经济效益和社会效益。北斗与互联网、大数据、人工智能等新技术的融合发展，正在构建以北斗时空信息为主要内容的新兴产业生态链，并正在成为北斗产业快速发展的新引擎和助推器，推动着生产生活方式变革和商业模式不断创新。

未来，中国北斗将持续推进海内外应用推广，不断深化卫星导航的高精度服务与云计算、物联网、大数据的继续融合，加快卫星导航领域与高端制造业、软件业的融合，推动生产方式和发展模式的变革，服务国民经济和社会信息化发展。北斗也将助推智能网联汽车向自动驾驶、无人驾驶方向快速发展。

【课后练习】

一、填空题

1. 对实时动态高精度定位精度一般要求达到＿＿＿＿＿，实时性要求＿＿＿＿＿以上。
2. 定位系统用来提供车辆的＿＿＿＿＿、＿＿＿＿＿等信息。
3. 高精度定位系统主要包括＿＿＿＿＿、＿＿＿＿＿、＿＿＿＿＿和＿＿＿＿＿。
4. 北斗卫星定位系统由＿＿＿＿＿、＿＿＿＿＿和＿＿＿＿＿三部分组成。

二、选择题

1. 平台层可实现功能模块化，主要包括（　　　　）。
A. 高精地图　　　B. 数据管理　　　C. 交通动态信息　　　D. 差分解算
2. 北斗卫星导航系统是由（　　　）自主研发的。
A. 美国　　　　　B. 俄罗斯　　　　C. 中国　　　　　　　D. 欧盟
3. 北斗卫星导航系统空间段由（　　　）颗卫星组成。
A. 35　　　　　　B. 36　　　　　　C. 37　　　　　　　　D. 38

三、名词解释

1. GPS 卫星定位系统
2. 北斗卫星定位系统
3. 伽利略卫星导航系统

/任务三/　认知车辆导航系统

　　智能网联汽车的导航系统是在自有相关导航设备与高精地图、高精度定位的基础上，充分利用高精地图提供的静态、准静态、动态道路信息为自动驾驶的实现提供相应辅助。

【知识目标】

1. 能描述车辆导航系统的作用；
2. 能说出车辆导航系统的组成；
3. 能阐述车辆导航系统的要求；

4.能说明我国车辆导航系统与高精地图、高精度定位的融合。

【素质目标】

1.通过学习车辆导航系统，培养学生的创新意识，促进全面发展；

2.通过学习我国导航系统与高精地图、高精度定位的融合，引导学生树立大局意识、核心意识。

【任务实施】

一、车辆导航系统的作用

传统车辆导航系统的作用是对汽车进行实时导航定位，根据车辆位置选择合适的驾驶路线，辅助驾驶人前往目的地。车辆导航系统涉及卫星技术、DR 图像采集、GIS 或电子地图技术、数据库技术、显示技术、接口技术和应用软件技术等领域，是通信与信息技术、传感器技术、车辆自动定位技术和计算机技术的综合应用。该系统包括安装在车辆上的导航定位器、惯性导航装置、无线电导航装置、卫星导航定位器、GPS/DR/GIS 集成导航定位仪，以及电子地图数据库或 GIS 信息地图。必要时，车辆可以与交通监控中心通信，并使用数据库记录车辆和行驶路线的历史状态信息。

车辆导航系统内置卫星天线，用于接收由环绕地球的定位卫星中至少三颗发送的数据信息，结合存储在车辆导航系统中的电子地图，通过卫星信号确定的位置坐标与此相匹配，

确定车辆在电子地图中的准确位置，从而得到最佳的驾驶方向、前方道路以及各类兴趣点（如加油站、餐厅、酒店等）信息，为驾驶人提供道路指引以及提供地图中的各类信息。导航系统中的全局路径规划方法，根据起始点和目标点，通过拓扑化的地图数据，寻找两点间所有可能的连接通路（经路），通过对交通情况、驾驶人设置等，选择最优路径，提供给驾驶人正确的导航，如图 3-3-1 所示。

图 3-3-1　车辆导航系统

二、车辆导航系统的组成

车辆导航系统包括安装在车辆上的导航定位器、惯性导航装置、无线电导航装置、卫星导航定位器、GPS/DR/GIS 集成导航定位仪等以及电子地图数据库或 GIS 信息地图。必要时，车辆可以与交通监控中心通信，并使用数据库记录车辆和路线的历史状态信息。

汽车导航系统内置卫星天线，用于接收由环绕地球的定位卫星中至少三颗发送的数据信息，结合存储在汽车导航系统中的电子地图，通过卫星信号确定的位置坐标与此相匹配，进行确定汽车在电子地图中的准确位置，从而得到最佳的驾驶方向、前方道路以及各类兴趣点信息。为驾驶人提供道路指引，以及地图中各类信息的提供，如图 3-3-2 所示。

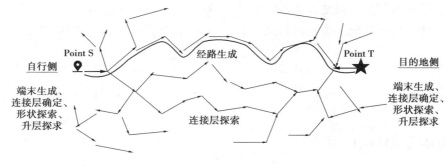

图 3-3-2　车辆导航系统的组成

三、车辆导航系统的要求

智能网联汽车的不断发展，对车辆导航系统也不断提出更高的要求，主要有以下几个方面。

1. 定位系统

定位系统根据智能网联汽车具体的功能要求，需要提供车道级甚至厘米级的高精度定位。

2. 地图信息

地图信息需要更加丰富、精确的道路环境信息，比如道路中交通元素的形状、位置特征等，以实现辅助环境感知、车道级路径规划等功能。

3. 路径规划算法

对路径规划算法的要求更高。需要规划出高精度、连续的轨迹。相比于传统导航的全局路径规划算法，路径规划算法需要增加车道级的路径规划、路口轨迹的连接以及辅助环境感知信息的提取等，同时还要考虑驾乘人员意图、个性等因素，做出更加智能的决策。

图 3-3-3　协同完成

未来的智能网联汽车导航系统，将能够充分利用日益完善和持续发展的车载传感器、智能交通设施、卫星定位系统以及云技术等，对自由车感知、无线通信等方式获取的信息进行融合和分析，充分地理解环境、驾驶人意图和车辆状态，实现更加安全、智能、舒适的全局路径规划，并能有效协作自动驾驶系统理解和认识环境,辅助驾驶人或协同自动驾驶系统完成车辆预订的任务,如图 3-3-3 所示。

四、我国车辆导航系统与高精地图、高精度定位的融合

智能网联汽车的导航系统在高精地图、高精度定位的基础上,充分利用高精地图提供的静态、准静态及动态道路信息,以及利用车载传感器获取的动态信息,通过更加智能、精确、丰富信息的路径规划算法,为自动驾驶的实现提供道路指引,如图 3-3-4 所示。

图 3-3-4　导航系统与高精地图、高精度定位的融合

通常采用的组合导航:卫星导航与惯性导航的组合;卫星导航与无线电导航的组合;多种卫星导航系统之间的组合;卫星导航、惯性导航与地理信息系统的组合等。未来也必将会有新的导航手段和组合方式出现,推动组合导航技术不断发展。

1. GNSS 和 INS 的组合导航定位系统

可以利用北斗卫星定位系统加上地基增强系统对车辆的定位精度很高,一般可达厘米级。但是卫星定位系统也存在缺陷,一是卫星接收机若受到建筑物阻挡或在地下隧道中,就不能有效接收位置信息;二是卫星定位系统的位置更新频率大约为 10 Hz(100 ms 刷新一次位置信息,对于 126 km/h 的车速,行驶距离达 3.5 m),不能满足车辆的实时定位要求,自主式自动驾驶要求数据刷新的时间间隔不能大于 10 ms(对于 126 km/h 的车速,10 ms 行驶距离为 0.35 m)。

惯性导航系统数据更新频率高,可达 1 kHz,每 1 ms 可刷新一次车辆位置信息(对于 126 km/h 的车速,1 ms 行驶距离是 3.5 cm)。但是惯性导航系统也存在缺陷,惯性导航系统的行驶距离经过两次积分产生,定位误差随时间的累积而增大,其定位精度只能在很短的时间内有效。

利用惯性导航系统数据更新频率高的优点,可以弥补卫星定位系统数据刷新频率低的缺陷,满足车辆的实时性定位要求;利用卫星定位系统定位精度高的优点,定期地(100 ms)校准惯性导航系统的定位信息,可以消除惯性导航系统的累积定位误差。

GNSS 与 INS 组合导航的优势有:可发现并校准惯导系统误差,提高导航精度;弥补卫星导航的信号缺损问题,提高导航能力;提高卫星导航载波相位的模糊度搜索速度,提高信号周跳的检测能力,提高组合导航的可靠性;可以提高卫星导航接收机对卫星信号的捕获能力,提高整体导航效率;增加观测冗余度,提高异常误差的监测能力,提高系统的容错功能;提高导航系统的抗干扰能力,提高完好性。

2. GNSS、INS 及高精地图的组合导航定位系统

智能网联汽车在实际应用中,一般采用多传感器融合的定位,既做到优势互补,也提

高了稳定性，增强了定位精度。L4 无人车运营商常用的定位方案中多使用多线束的激光雷达和高精度的 GPS/IMU，这些高精密的传感器能够提供丰富的信息，但其成本十分高昂，并且也无法满足车规级汽车的要求。

（1）百度 Apollo2.0 的多传感器融合定位

自动驾驶数据将包括具有高分辨率图像和像素级别标注的 RGB 视频，具有场景级语义分割的密集三维点云、基于双目立体视觉的视频和全景图像。数据集中提供的图像为通过采集系统每米采集一帧的方式采集，分辨率为 3 384 px×2 710 px。百度数据采集车是配备了高分辨率相机和 Riegl 采集系统的中型 SUV。采集场景包括不同城市的不同交通状况的道路行驶数据，平均每张图中移动障碍物的数量从几十到上百不等。除了采集数据外，百度还会用自己的视觉感知算法给每一帧画面中的像素做相应的语义分割。当前支持的语义分割种类已经达到 25 项，包括车辆、行人、自行车、摩托车、道路、交通标志等。这样的分割有助于开发者可以在这个数据集中直接训练以及验证自己的自动驾驶算法。换言之，这套数据集是可以让开发者直接拿来就用的，而不用再做初始的数据解析。其高精度定位在智能网联汽车上的应用，如图 3-3-5 所示。

（2）四维图新的组合导航定位

四维图新的导航定位系统中，通过融合高精度卫星定位系统（HD-GNSS）、航位推算引擎定位（DR Engine）、高精地图定位（HD MAP Fusion）三种模块，依托融合算法，发挥不同定位模块在不同场景的优势，使结果相互冗余，保证在各种环境下连续输出高质量定位结果，如图 3-3-6 所示。

图 3-3-5　高精度定位在汽车上的应用　　　　图 3-3-6　四维图新

（3）高精度卫星定位

高精度卫星定位结果是融合系统的基础，依托四维图新旗下的六分科技服务能力，通过载波相位差分技术 RTK、地基增强网络和数据解算平台，可以每天连续 24 小时在全国范围播发厘米级高精度差分定位结果。在常规、开阔、信号接收稳定的路段，高精度卫星定位结果将在融合定位结果中占据主导，如图 3-3-7 所示。

（4）航位推算引擎定位

航位推算引擎定位可以使系统在峡谷、

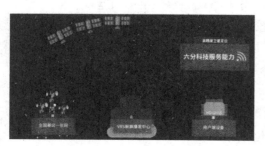

图 3-3-7　高精度卫星定位

隧道、城市遮挡严重等场景下，依然可以保证高精度定位结果输出的连续性，整合惯性导航 IMU、车身里程计，结合车身 CAN 总线数据中的轮速、航向等信息，可有效降低车身位置的误差发散，如图 3-3-8 所示；视觉里程计则通过摄像头获取连续图像，运用 SLAM 算法实现车身运动轨迹的跟踪，进一步提升定位精度，如图 3-3-9 所示。

图 3-3-8　航位推算引擎定位　　　　　　图 3-3-9　视觉里程计

（5）高精地图定位

高精地图定位通过数据中定位图层的参考对象，与感知结果匹配并计算距离，从而精确推算出车辆当前位置。这不仅拓展了融合定位的可靠性、鲁棒性，也可以在参考要素丰富的场景下，把精度误差收敛到更小，如图 3-3-10 所示。

图 3-3-10　高精地图定位

【课后练习】

一、填空题

1. 车辆导航系统包括安装在车辆上的_____、_____、_____、卫星导航定位器、GPS/DR/GIS 集成导航定位仪等以及电子地图数据库或 GIS 信息地图。

2. 通常采用的组合导航有_____、_____、_____等。

3. 可以利用北斗卫星定位系统加上_____对车辆的定位精度很高，一般可达_____。

二、选择题

1. 北斗卫星定位系统的位置更新频率大约为（　　　　）。

A. 10 Hz　　　　　　B. 20 Hz　　　　　　C. 30 Hz　　　　　　D. 40 Hz

2. 四维图新的导航定位系统中,通过融合(　　　)三种模块,依托融合算法,保证在各种环境下连续输出高质量定位结果。

A. 高精度卫星定位系统(HD-GNSS)　　　　B. 航位推算引擎定位(DR Engine)

C. 高精度地图定位(MAP Fusion)　　　　D. 载波相位差分技术(RTK)

3. 高精度卫星定位结果是融合系统的基础,通过(　　　)可以每天连续 24 小时在全国范围播发厘米级高精度差分定位结果。

A. 载波相位差分技术 RTK　　　　B. 地基增强网络和数据解算平台

C. 数据解算平台　　　　D. 航位推算引擎定位

三、简答题

1. 简述导航系统的要求。

2. 简述 GNSS 与 INS 组合导航的优势。

项目四｜智能网联汽车网络与通信技术

随着汽车电动化、智能化、网联化的发展，汽车上的传感器越来越多，多达成百上千个。汽车上的传感器和道路基础设施上的传感器也将要互联互通，这样智能网联汽车就会变成一个庞大的网络系统。

／任务一／　认知汽车总线与车载网络技术

车联网是实现自动驾驶技术的一种重要途径，其核心在于车路协同技术。智慧的车感知路、人、物等周围环境的技术能够弥补当前自动驾驶汽车在信息感知、分析决策上的不足，尽快实现车辆的智能化自动化运营。

车联网是以车内网、车际网和车载移动互联网为基础，按照约定的通信协议和数据交互标准，在车与 X（车、路、行人、互联网等）之间进行无线通信和信息交换的大系统网络，是能够实现智能化交通管理、智能动态信息服务和车辆智能化控制的一体化网络。通信技术是智能网联汽车实现的基础，使车辆能在自动驾驶模式下实时分析交通信息，自动选择当前路况下的最佳行驶路线。

【知识目标】

1. 能说出汽车总线的作用；
2. 能阐述汽车总线的类型；
3. 能描述 CAN 总线的构成、工作原理、仲裁机构和特点；
4. 能描述 LIN 总线的结构、工作原理和特点；
5. 能描述 MOST 总线的结构、工作原理、类型和特点；
6. 能说明车载以太网的相关技术和发展应用。

【素质目标】

1. 引导学生理解团队合作、沟通协作以及个体责任与使命担当的重要性；
2. 培养学生树立集体主义观念。

【任务实施】

一、汽车总线的作用

汽车中的电子部件越来越多，大量的电子单元都要进行信息交互，传统的点对点通信已经不能满足需求，因此必须要采用先进的总线技术。车用总线就是车载网络中底层的车用设备或车用仪表互联的通信网络其应用。

二、汽车总线的类型

目前主流的车用总线有 CAN 总线、LIN 总线、FlexRay 总线和 MOST 总线。

1. CAN 总线

CAN 是 Controller Area Network 的缩写，是串行通信协议。由于对安全性、舒适性、方便性、低功耗、低成本的要求，各种各样的电子控制系统被开发了出来。而这些系统之间通信所用的数据类型及对可靠性的要求不尽相同，由多条总线构成的情况很多，线束的数量增加，为适应这些需要，CAN 总线协议应时而生。CAN 的高性能和可靠性已被认同，并被广泛地应用于汽车各总成之间的通信。它的出现为分布式控制系统实现各节点之间实时、可靠的数据通信提供了强有力的技术支持。

CAN 总线也叫车内局域网，它是一个有效支持分布式控制和实时控制的串行通信网络。它以某种形式连接各种控制单元，形成一个完整的系统。CAN 总线最初由德国博世公司开发，用于解决现代汽车中许多电子控制模块（ECU）之间的数据交换问题。目前，它已广泛应用于汽车电子系统，成为汽车工业的主要行业标准，代表了汽车电子控制网络的主流发展趋势，其应用如图 4-1-1 所示。因为电动汽车的网络特性可以概括为通信距离短、网络复杂度要求低、可扩展性要求高、实施可靠性要求高。

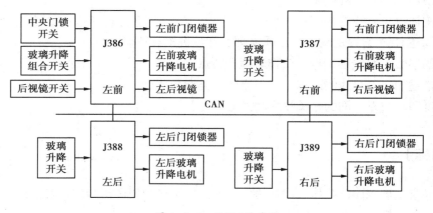

图 4-1-1　CAN 的应用

（1）CAN 总线系统的总体构成

CAN 总线系统的总体构成主要由若干个节点（电控单元）、两条数据传输线（CAN-H 和 CAN-L）及终端电阻组成，如图 4-1-2 所示。CAN 总线上的每个节点独立完成网络数据交换和测控任务，理论上 CAN 总线可以连接无数个节点，但实际上受总线驱动能力的限制，目前每个 CAN 总线系统中最多可以连接 110 个节点。

CAN 数据传输线是双向串行总线，大都采用具有较强抗干扰能力的双绞线，分为 CAN-H 线和 CAN-L 线，两线缠绕绞合在一起，其绞距为 20 mm，横截面积为 0.35 mm² 或 0.5 mm² 并且 CAN 带有终端电阻（120 Ω）。终端电阻的作用是防止信号在传输线终端产生反射波，而使正常传输的数据受到干扰。

（2）CAN 总线的硬件结构和网络通信原理

CAN 节点主要由微控制器、CAN 控制器、CAN 收发器组成，目前汽车上多采用为部集成 CAN 控制器的微控制器，如图 4-1-3 所示。CAN 节点中的 CAN 控制器具有"数据打包 / 解包"和"验收滤波"的作用，而 CAN 收发器具有"边说边听（同时发送和接收）"和"信号转换（数字信号与总线电压信号的转换）"的作用。

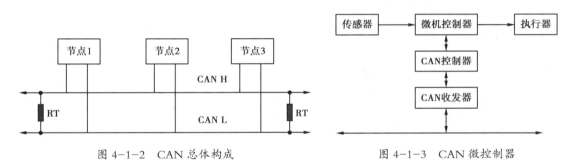

图 4-1-2　CAN 总体构成　　　　　　　图 4-1-3　CAN 微控制器

CAN 收发器对 CAN-H 和 CAN-L 两根线的电压做差分运算后生成差分电压信号，然后采用"负逻辑"将差分电压信号转换为数字信号，如图 4-1-4 所示。

为了提高网络通信的可靠性和实时性，CAN 总线只有物理层、数据链路层和应用层。其中数据链路层和物理层的协议分别由 CAN 控制器和 CAN 收发器硬件自动完成，因此在 CAN 总线应用系统设计时，主要任务是对其应用层程序进行设计。

（3）CAN 总线的仲裁机制

如果 CAN 总线上的多个节点同时向总线上发送数据时，多个数据就会在总线上出现"撞车"的现象，此时需要进行仲裁，决定哪个信号优先，哪个信号滞后，如图 4-1-5 所示。

（4）CAN 总线的特点

①数据通信没有主从之分，任意一个节点可以向任何其他（一个或多个）节点发起数据通信，靠各个节点信息优先级的先后顺序来决定通信次序。

②多个节点同时发起通信时，优先级低的避让优先级高的，不会对通信线路造成拥塞。

③通信距离最远可达 10 km（速率低于 5 kbit/s），速率可达到 1 Mbit/s（通信距离小于 40 m）。

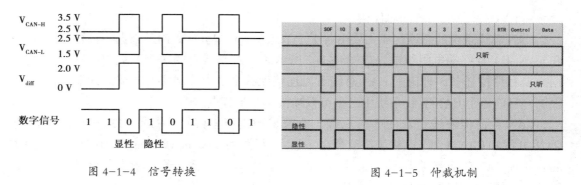

图 4-1-4　信号转换　　　　　　　图 4-1-5　仲裁机制

④ CAN 总线传输介质可以是双绞线，同轴电缆，实行差分控制，CAN 和 CAN-H 之间始终相差 2 V 左右的电压，如图 4-1-6 所示。

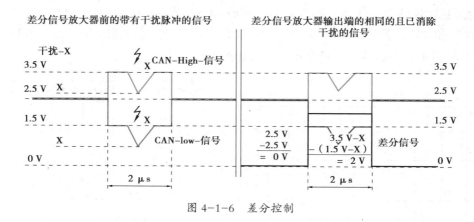

图 4-1-6　差分控制

⑤ CAN 总线适用于大数据量短距离通信或者长距离小数据量，实时性要求比较高，多主多从或者各个节点平等的现场中使用。

2. LIN 总线

LIN(Local Interconnect Network) 是一种低成本的串行通信网络，用于实现汽车中的分布式电子系统控制。LIN 的目标是为现有汽车网络（如 CAN 总线）提供辅助功能，因此 LIN 总线是一种辅助的总线网络。在不需要 CAN 总线的带宽和多功能的场合，例如智能传感器和制动装置之间的通信使用 LIN 总线可大大节省成本。LIN 是面向汽车低端分布式应用的低成本、低速串行通信总线。它的目标是为现有汽车网络提供辅助功能，在不需要 CAN 总线的带宽和多功能的场合使用，降低成本。

（1）LIN 总线系统的总体构成

LIN 总线技术规范中除定义了基本协议和物理层外，还定义了开发工具和应用软件接口。LIN 通信是基于 SCI(UART) 数据格式，采用单主控制器 / 多从设备的模式。仅使用一根 12 V 信号总线和一个无固定时间基准的节点同步时钟线。LIN 的标准化将为汽车制造商以及供应商在研发应用操作系统时降低成本。LIN 总线包含一个宿主节点和一个或多个从属节点，所有节点都包含一个被分解为发送和接收任务的从属通信任务，而宿主节点还包含一个附加的宿主发送任务，在实时 LIN 总线中，通信总是由宿主任务发起的。LIN 总线拓扑图如图 4-1-7 所示。

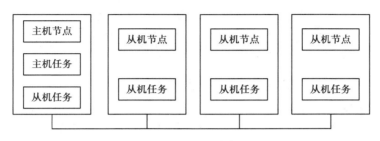

图 4-1-7　LIN 总线拓扑图

（2）LIN 总线的硬件结构和网络通信原理

LIN 总线除了宿主节点的命名外，LIN 网络中的节点不使用有关系统设置的任何信息。LIN 总线上的所有通信都由主机节点中的主机任务发起，主机任务根据进度表来确定当前的通信内容，发送相应的帧头，并为报文帧分配帧通道，总线上的从机节点接收帧头之后，通过解读标识符来确定自己是否应该对当前通信做出响应、做出何种响应（如图 4-1-8 所示）。基于这种报文滤波方式，LIN 可实现多种数据传输模式，且一个报文帧可以同时被多个节点接收利用。LIN 总线物理层采用单线连接，两个电控单元间的最大传输距离为 40 m。

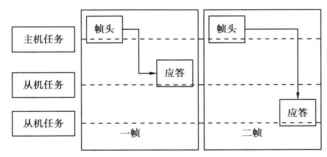

图 4-1-8　LIN 总线网络通信原理

在总线上实行"线与"，"0"为显性电平、"1"为隐性电平，当总线有至少一个节点发送显性电平时，总线呈现显性电平；所有节点均发送隐性电平或者不发送信息时，总线呈隐性电平，即显性电平起着主导作用。LIN 总线报文帧如图 4-1-9 所示。

（3）LIN 总线特点

①低成本：基于通用 UART 接口几乎所有微控制器都具备 LIN 必需的硬件；极少的信号线即可实现国际标准 ISO9141 规定。

②传输速率高，传输速率最高可达 20 kbit/s。

③单主控器 / 多从设备模式不需要仲裁机制。

④从节点不需晶振或陶瓷振荡器就能实现自同步，节省了硬件成本。

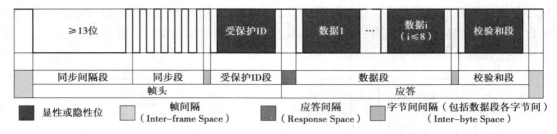

| ≥13位 | | 受保护ID | 数据1 | ... | 数据i (i≤8) | 校验和段 |

| 同步间隔段 | 同步段 | 受保护ID段 | 数据段 | 校验和段 |
| 帧头 | | | 应答 | |

■ 显性或隐性位　　■ 帧间隔（Inter-frame Space）　　■ 应答间隔（Response Space）　　■ 字节间间隔（包括数据段各字节间）（Inter-byte Space）

图 4-1-9　LIN 总线报文帧

⑤保证信号传输的延迟时间。

⑥不需要改变 LIN 从节点的硬件和软件就可以在网络上增加节点。

⑦通常一个 LIN 网络上节点数目小于 12 个，共有 64 个标识符。

3. MOST 总线

MOST 总线是 Media Oriented Systems Transport 的缩写，是用于多媒体数据传送的网络系统。MOST 是一种专门针对车内使用而开发的、服务于多媒体应用的数据总线技术。MOST 表示"多媒体传输系统"。

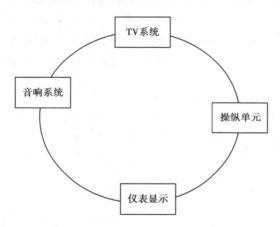

图 4-1-10　MOST 总线的总体结构

（1）MOST 总线的总体结构

MOST 总线利用光脉冲传输数据，采用环形结构，在环形总线内只能朝着一个方向传输数据，如图 4-1-10 所示。MOST 总线可连接汽车音响系统、视频导航系统、车载电视、高保真音频放大器、车载电话、多碟 CD 播放器等模块，其数据传输速率最高可达 24.8 Mbit/s，而且没有电磁干扰。

MOST 总线可以不需要额外的主控计算机系统，结构灵活、性能可靠和易于扩展，采用光纤 POF（Plastic Optical Fiber）作为物理层的传输介质，支持"即插即用"方式、在网络上可以随时添加和去除设备，具有方便简洁的应用系统界面。

（2）MOST 总线的网络拓扑结构

MOST 总线采用环形网络拓扑结构，控制单元通过一根光导纤维沿环形方向将数据传送至环形结构中的下一个控制单元，这个过程一直持续到数据返回至原先传送它们的那个控制单元并接收到这些数据为止，由此，形成了一个闭合的环路。MOST 总线系统的故障诊断借助于数据总线的诊断接口和诊断 CAN 进行，如图 4-1-11 所示。在 MOST 总线中，各个终端设备（节点、控制单元）之间通过一个数据只沿一个方向传输的环形总线连接，音频、视频信息在环形总线上循环，并由每个节点（控制单元）读取和转发。各个控制单元之间通过光导纤维相互连接而形成一个封闭环路，因此每个控制单元拥有两根光导纤维，一根光导纤维用于发射器，一根光导纤维用于接收器，如图 4-1-12 所示。

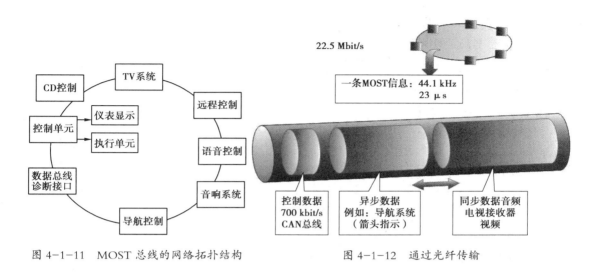

图 4-1-11　MOST 总线的网络拓扑结构　　　　　图 4-1-12　通过光纤传输

（3）MOST 总线的数据类型（表 4-1-1）

表 4-1-1　MOST 总线的数据类型

同步数据	实时传送音频信号、视频信号等流动型数据
异步数据	传送访问网络及访问数据库等的数据包
控制数据	传送控制报文及控制整个网络的数据

（4）MOST 总线的工作原理

　　MOST 的数据传送使用 512 bit 的帧，以及 16 个帧的块（如图 4-1-13 所示）。帧的重复率为 44.1 kHz（每帧 22.67 ms），每个帧内除了前导码和其他内部管理位外，还包含有同步、异步和控制数据。总线是完全同步的，设计师可将网络内的任何设备指定为主设备，其他所有结点都从主设备处获得自己的时钟。网络完全是即插即用的，当上电或有连接改变时，有一个寻找设备的过程，主结点上保持着一个所连设备的中心注册处，如图 4-1-13 所示。

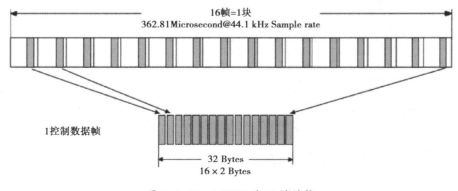

图 4-1-13　MOST 的 16 帧结构

（5）MOST 总线的特点

①传输速率高。MOST 总线采用光纤在传输数据时，相关部件的数据交换是数字方式来进行的（以前的音频和视频信号只能作为模拟信号来传送），其传输速率可达 21.2 Mbit/s。MOST 总线传输速率明显高于 CAN 总线系统 1 Mbit/s 的最高传输速率，因此 CAN 总线系统只能够用于传输控制信号。

②抗电磁干扰能力强。MOST 总线传输信号时，是用光信号进行的。与无线电波相比，光波的波长更短，因此不会产生电磁干扰，同时对电磁干扰也不敏感。

③重量轻，占用空间小，成本低。MOST 总线光纤是采用有机玻璃制成的，相对于金属导线来说，在提供相同频宽时，能减轻约 4.5 kg 的重量和节省约 250 m 长的线束，这样就减轻了汽车的重量，节约了空间，降低了成本，同时扩展了功能。

三、车载网络

由于车载以太网具有高带宽、低延迟、低成本的特性，在新一代整车架构中将替代 CAN 总线成为优选网络架构。如图 4-1-14 所示，以车载以太网作为骨干网络，将核心域控制器（动力总成、车身、娱乐、ADAS）连接在一起。各个域控制器在实现专用的控制功能的同时，还提供强大的网关功能。从图中可以发现，在各个域控制器的下方，各部件之间通信基本是通过 CAN FD 来实现数据共享，这种类似于传统车载网络架构（除娱乐子网中，娱乐域控制器与其子部件的通信将通过以太网实现）。另外，当一个域需要与其他域交换信息时，则需经由网关、以太网路由实现。

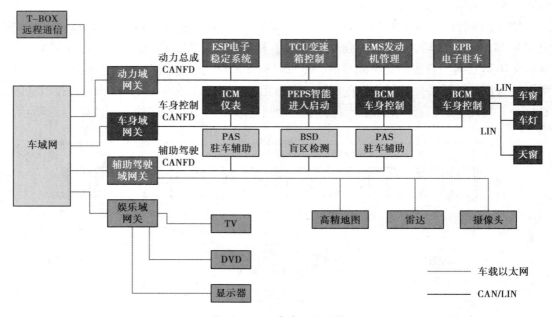

图 4-1-14　车载网络结构

1. 车载以太网的相关技术

以太网（Ethernet）是互联网中使用最多和最广泛的网络技术，自从 1973 年 5 月 22 日作为个人计算机的局域网技术被发明以来，以太网技术快速发展并且作为 IEEE 802 下的一个开放标准集合。汽车智能化、网联化甚至自动驾驶的时代已经到来，ADAS 技术的不断创新，高质量汽车娱乐音频和视频的应用，以及 OTA 远程升级、V2X、大数据、云计算等技术的发展都取得了进展，如图 4-1-15 所示。车载网络容量需求的爆炸性发展明显超过了传统车载网络（如 CAN 或 FlexRay）的承载能力，这也是以太网和汽车深度融合的机会。

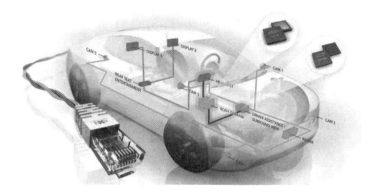

图 4-1-15　车载以太网的相关技术

2. 车载以太网的发展应用

以太网以其通用性、开放性、高带宽、易扩展、易互联等特性，成为一种新型的车载网络，目前可以预期的车载以太网发展可分为三个阶段，见表 4-1-2。

表 4-1-2　车载以太网发展

子系统级别	单独在某个子系统使用以太网，这一阶段的衍生产品目前已经在整车上实施，如基于 DoIP 标准的 OBD 诊断设备；或已有示例应用，如使用 IP 摄像头的驾驶辅助系统
架构级别	将几个子系统功能整合，形成一个拥有功能集合的小系统，例如将多媒体、驾驶辅助和诊断界面结合在一起，融合了传感器、全景摄像头及雷达等多种数据。因为这样可以保证更高的带宽和更低的延迟，在涉及安全方面的应用，摄像头可以使用更高分辨率的未压缩数据进行传输，从而避免如压缩失真等导致障碍物检测失败的问题
域级别	前两个阶段专注于一个特定的应用领域，第三阶段使用以太网为车载网络骨干，集成动力总成、底盘、车身、多媒体、辅助驾驶，真正形成一个域级别的汽车网络。这种网络架构引入了一个新问题：如何组织 ECU 和网络管理者之间的通信。不可否认的是，这种分层式的架构会造成控制器通过以太网骨干网和交换机通信时所需的软件内容增加

3. 中国车载以太网的发展

在现阶段中国市场中，车载以太网主要应用于乘用车高端车型（价格大于 30 万元的车型），渗透率约为 10%。例如在吉利的多种车型中，仅领克和沃尔沃两个高端品牌局部采用车载以太网。而在中国中端（15 万 ~30 万元）及低端（价格低于 10 万元）车型中，车载以太网尚未得到初步应用。

在高端车型中，现阶段车载以太网应用领域集中于信息娱乐与 ADAS 域。整体来说，中国高端车车载以太网所覆盖的应用占比约为 10%，其余领域如底盘、车灯、车门及座椅仍使用传统 "CAN+LIN" 的总线方案。综合高端、终端、低端汽车应用情况，中国汽车的以太网渗透率仅为 5% 左右。

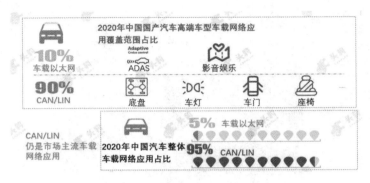

图 4-1-16　中国车载以太网的发展

（1）带宽持续提升

随着 5 G 商用加速，5 G 模块供应商提供的对外网络接口需要接入更高速的网络。此外，伴随自动驾驶的发展，L3 级及以上的高等级自动驾驶对于车内网络的连接速度要求也逐步升级至 2.5/5/10 G 以上。在 5 G 商用加速及自动加速等级提升的影响下，车载以太网的带宽将持续提升，进而拓宽其应用场景，拉高其市场规模。

（2）领域不断扩展

随着现代汽车对带宽、传输速度要求的提升及 DoIP、AVB、SOME/IP 等系列技术的发展，车载以太网的应用领域将从 ECU 刷新不断拓展至局域网级应用，如图 4-1-17 所示。

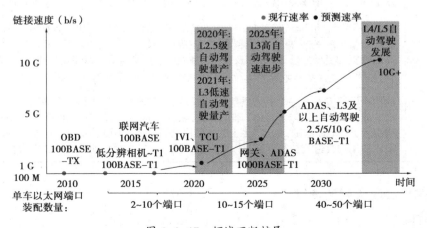

图 4-1-17　领域不断扩展

/任务二/ 认知汽车联网与通信技术

汽车联网是实现自动驾驶技术的一种重要途径，其核心在于车路协同技术。"聪明的路、智慧的车"技术路线能够弥补当前自动驾驶汽车在信息感知、分析决策上的不足，尽快实现车辆的智能化、自动化运营。

在智能网联数据共享的传输，有两种基本的方式：一是 V2X 协同通信，二是高速蜂窝（5G/6G）移动通信。目前，我国强化 5G 通信技术，在车联网项目应用上大量支持 LTE-V2X、5G-V2X 等无线通信关键技术的发展。

【知识目标】

1. 能说出智能网联汽车 V2X 的概念、优点及相关技术；
2. 能说出汽车智能网联近距离、中短距离、长距离通信技术的区别；
3. 能描述 V2X 的应用；
4. 能阐述我国汽车联网与通信技术。

【素质目标】

1. 培养学生树立家国情怀，以产业报国，实现伟大复兴的中国梦；
2. 引导学生树立不断探索的科学精神，提高科学素养。

【任务实施】

一、智能网联汽车 V2X 技术

1. V2X 的概念

V2X 是车辆自身和外界事物之间的信息交换，V2X 是智能网联汽车通信技术的核心技术。

2. V2X 的优点

（1）覆盖面更广

V2X 有 300~500 m 的通信范围，比雷达探测范围要远得多。不仅是前方障碍物，身旁和身后的建筑物、车辆都会覆盖，大大拓展了驾驶员的视野范围。

（2）有效避免盲区

由于所有物体都接入互联网，每个物体都会有单独的信号显示，因此即便是视野受阻，通过实时发送的信号也可以显示视野范围内看不到的物体状态，降低了盲区出现的概率，充分避免了因盲区而导致的潜在伤害。

3. V2X 技术

V2X 技术主要包含 V2V、V2I、V2N、V2P 等。

（1）V2V

V2V（Vehicle-to-Vehicle，车—车）可以用作车辆间信息交互和提醒，最典型的应用是用于车辆间防碰撞安全系统。V2V 通信需要一个无线网络，在这个网络上汽车之间互相传送信息，这些信息包括速度、位置、驾驶方向、刹车等。车与车之间的信息交互与共享如图 4-2-1 所示。

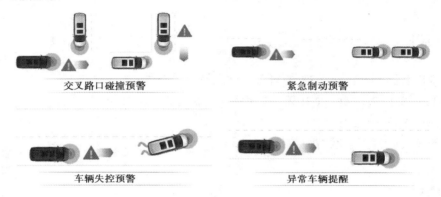

交叉路口碰撞预警　　　　　紧急制动预警

车辆失控预警　　　　　异常车辆提醒

图 4-2-1　车与车之间的信息交互

车辆自身与外界车辆之间的信息交换内容，主要包括：当前本体车辆的行驶速度与附近范围内车辆的行驶速度进行信息内容的交换；当前本体车辆的行驶方向与附近范围内车辆的行驶方向进行信息内容的交换；当前本体车辆紧急状况与附近范围内车辆的行驶状况进行信息内容的交换。

V2V 主要实现交叉路口碰撞预警 ICW、紧急制动预警 EBW、车辆失控预警 CLW、异常车辆提醒 AVW 等功能。

（2）V2I

V2I（Vehicle-to-Infrastructure，车—基础设施）中的 I 是指车辆行驶过程中遇到的所有基础设施，包括交通灯、公交站、电线杆、大楼、立交桥、隧道等一切人类的建筑设施。V2I 通信功能具体将采用车载智能交通运输系统的 760 MHz 频段，使用该频段可以在不影响车载传感器的情况下实现基础实施与车辆之间相互通信功能，从而获取得到必要的关键信息，如图 4-2-2 所示。

V2I 主要实现道路危险状况提示（HLW）、限速预警（SLW）、闯红灯预警（SVW）、绿波车速引导（GLOSA）等功能。

（3）V2N

V2N（Vehicle-to-Network，车—互联网）是目前应用最广泛的车联网形式，其主要功能是使车辆通过移动网络，连接到云服务器，使用云服务器提供的导航、娱乐、防盗等应用功能，如图 4-2-3 所示。

图 4-2-2　V2I

图 4-2-3　V2N

（4）V2P

V2P 即车辆自身与道路之间的信息交换。按照道路的特殊性而言，V2R 又可分为两大类型，一类是车辆自身与城市道路之间的信息交换，另一类是车辆自身与高速道路之间的信息交换内容，如图 4-2-4 所示。

V2P 主要包括以下方面：车辆自身的行驶路线与道路当前路况进行信息内容的交换；车辆自身的行驶方向与前方道路发生的事故进行信息内容的交换；车辆行驶的导航信息与道路前方的路标牌进行信息内容的交换。

4. V2X 的发展

V2X 早期主要是基于 DSRC，全称是 Dedicated Short Range Communication（专用短距离通信技术），后期随着蜂窝移动通信技术发展出现了 C-V2X（Cellular V2X，即以蜂窝通信技术为基础的 V2X 技术）。C-V2X 无线通信技术的中文名称为蜂窝车联网，是一种以蜂窝技术为基础的车联网。C-V2X 应用如图 4-2-5 所示。

图 4-2-4　V2P

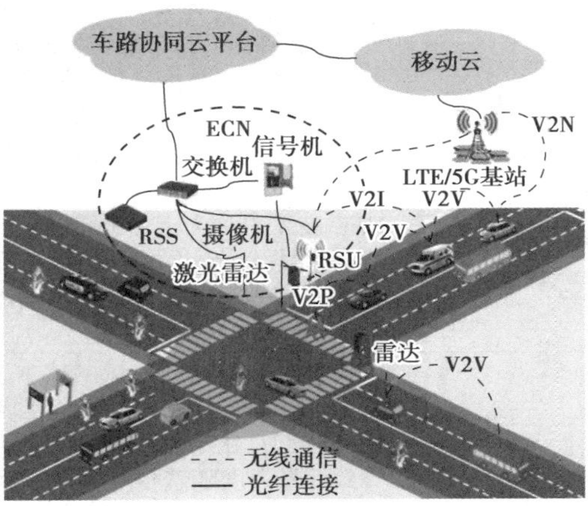

图 4-2-5　V2X 的应用

5. 5G 与 C-V2X 的技术

（1）移动通信的发展

移动通信是指通信中的移动一方通过无线的方式在移动状态下进行的通信。这种通信方式可以借助于有线通信网，通过通信网实现与世界上任何国家任何地方任何人进行通信。因此，从某种程度上说，移动通信是无线通信和有线通信的结合。移动通信主要经过了 1G、2G、3G、4G 到如今的 5G 几个阶段。

（2）5G 与 C-V2X

目前 5G 技术和 C-V2X 相辅相成，在 5G 的框架下开发 C-V2X 技术具备一些传统的车联网所不具备的优势，它可以带来可提供远距离和盲区预警，具备超宽视野，并且还具备低成本、高可靠、更安全、更稳定，可以让汽车透过部分障碍物进行数据传输，提升车辆在视线盲区的感知力，拥有高度的精确性、可靠性及强大的非视距性能，大大提升了用户驾驶体验、交通效率以及安全性。

我国对 LTE-V 和 5G 等基于蜂窝通信的车联网通信技术与产业态度非常积极，其技术优势在于网络带宽更大、通信时延更小。

二、汽车智能网联通信技术

根据车联网主要应用场景及通信距离，将其分为近距离通信技术、中短距离通信技术、长距离通信技术等。

1. 近距离通信技术

近距离通信技术主要有 RFID 技术、NFC 技术、Wi-Fi 技术、蓝牙技术。各技术的特点及应用见表 4-2-1。

表 4-2-1　近距离通信技术

RFID 技术	通过无线射频方式结合数据访问技术，进行非接触双向数据通信，利用无线射频方式通过电磁波实现对电子标签进行读写，以实现识别目标和数据交换的目的	可以用于机动车流量、车辆平均速度、道路拥挤状况等交通信息的采集，也可以用于交通信号优化控制、公交信号优化控制、特定区域出入管理等智能交通控制，以及违章、违法行为检测和车牌自动识别系统等领域
NFC 技术	NFC 技术也称为近场通信，是一种高频无线通信技术，允许电子设备之间进行非接触式点对点数据传输（在 10 cm 内）交换数据、图片和视频信息	可以提高汽车使用的易用性和功能性，可以将智能手机作为汽车的智能钥匙用于解锁打开车门和关闭车门
Wi-Fi 技术	该技术是一种无线局域网技术，具有覆盖范围广、传输速率快、安装和建设成本低的优势。同时，由于无线电信号遇到障碍物会导致信号强度随着相对接入点距离的增加而减弱，而且容易受同频率电波的干扰和雷电天气的影响，造成网络信号的不稳定和速率下降	Wi-Fi 技术应用于智能网联汽车，可快速搭建移动热点，在不依赖于移动蜂窝网络的状态下实现网络连接，体验无线上网

续表

蓝牙技术	该技术是一种支持移动电话、掌上电脑、无线耳机、智能汽车以及相关外设等设备联网，组成一个巨大的无线通信网络进行近距离通信的技术	车载蓝牙电话、车载蓝牙音响、车载蓝牙后视镜、汽车虚拟钥匙、获取车辆信息、穿戴设备监测人体状态并与车辆信息交互等

2. 中距离通信技术

中距离通信技术主要有 DSRC 技术、5G 移动通信技术。各技术的特点及应用见表 4-2-2。

表 4-2-2　中距离通信技术

DSRC 技术	DSRC 技术是由 IEEE 802.11p 底层通信协议与 IEEE 1609 系列标准所构成的技术，具备低传输延迟特性，以提供车用环境中短距离通信服务。它解决了在高速移动环境中数据的可靠低时延传输问题。阐释了 V2X 通信的系统架构、资源管理、安全机制等。该技术可以实现小范围内图像、语音和数据的实时，准确和可靠的双向传输，将车辆和道路有机连接	国内主要以车与路通信中的 ETC 不停车收费系统为代表。车辆经过特定的 ETC 车道，通过车载 OBU 与路侧 RSU 的通信，在无须停车和收费人员采取任何操作的情况下，自动完成收费过程。此外，DSRC 应用还可以实现电子地图下载和交通调度等
LTE-V 技术	大唐电信基于 TD-LTE 技术而推出的具有中国自主知识产权的车载中短距离通信技术，支持在车辆与车辆（V2V）、车辆与基础设施（V2I）、车辆与行人（V2P）之间快速组网，构建数据共享交互桥梁	LTE-V 技术，可应用于交叉路口的会车避让，紧急车辆优先通行，前方车辆的紧急刹车告警以及多车的编队自动驾驶

3. 远距离通信技术

远距离通信技术主要有卫星通信技术、LTE-V 技术。各技术的特点及应用见表 4-2-3。

表 4-2-3　远距离通信技术

卫星通信技术	卫星通信技术（Satellite Communication Technology）是指利用人造地球卫星作为中继站转发无线电波，以达到在两个或多个地球站之间进行通信的目的。卫星通信具有覆盖范围广、通信容量大、传输质量好、组网方便迅速、便于实现全球无缝链接等众多优点，被认为是建立全球通信的一种必不可少的重要手段	在智能交通系统中，卫星通信技术主要应用于全球卫星定位系统 GPS 导航、车辆定位、车辆跟踪及交通管理，向驾驶人提供出行线路的规划和导航、信息查询以及紧急援助等

续表

5G 移动通信技术	5G 移动通信技术即第五代移动通信技术（5th Generation Mobile Networks），简称为 5G 技术，是最新一代蜂窝移动通信技术。5G 技术是对包括 3G、4G 技术在内的现有通信技术的技术更新，是 4G 网络的延伸。网络延迟低于 1 ms，数据传输速率可达 10 Gbit/s，比 4G LTE 网络快 100 倍	基于移动 5G 通信和网联自动驾驶技术，可实现车辆自动驾驶能力，包括循迹自动驾驶、行人识别和动态避障、区域动态限速、交通信号灯通行、超视距、车辆动态调度等场景，同时还具有远程驾驶功能，可根据场景需求，完成自动或远程驾驶实时接管，以及网联后台的监控与管理的功能场景

三、V2X 的应用

车联网具有大量的运用场景，如今有一些已经运用到现实的交通中，还有一些人们正在讨论与研究。

1. 车路协同控制

（1）车路协同控制

车路协同控制是指基于无线通信、传感探测等技术经行车路信息获取，通过车—车、车—路信息交互和共享，实现车辆和基础设施之间智能协同与配合，达到优化利用系统资源、提高道路交通安全、缓解交通拥挤的目标。

（2）实现方式

基于车联网技术的车路协同系统总体上由车载感知子系统、路侧感知子系统、数据传输子系统、数据处理及预警子系统、交通控制与信息发布子系统 5 个部分组成。它们共同实现车路协同。

车载感知子系统是由安装在车辆上的各种传感器、车载摄像头、雷达、GPS 卫星定位装置以及车载微处理单元等组成。该子系统又分为车辆感知模块、环境感知模块和 GPS 定位模块 3 部分，如图 4-2-6 所示。

路侧感知子系统是由安装在道路上的地磁、超声波、红外、RFID、信标、视频检测器和道路气象站、路面路况检测器等组成，该子系统又分为道路交通感知模块、道路气象感知模块和路面状况感知模块 3 部分。道路交通感知模块如图 4-2-7 所示。

车载通信模块 OBU、路侧通信模块 RSU、移动通信基站以及其他通信设施共同组成数据传输子系统，用于实现短距离无线通信及远距离有线或无线通信与数据传输。

在交通管理中心，各种信息处理设备及显示、报警装置等组成了数据处理和预警子系统。该子系统分为数据处理模块、预警和报警模块。

通信控制与信息发布子系统是由安装在道路沿线的信号控制装置、可变信息板、路旁广播以及车载信息提示与发布装置等组成，如图 4-2-8 所示。系统五个子系统紧密联系，相互协调，将人、车、路、环境和谐统一，共同形成一个基于车联网技术的有机的车路协同整体，从而实现车路协同系统的总体目标与功能。

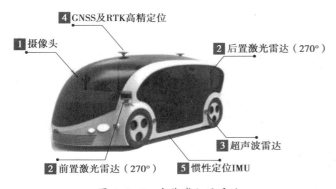

图 4-2-6　车载感知子系统

图 4-2-7　道路交通感知模块

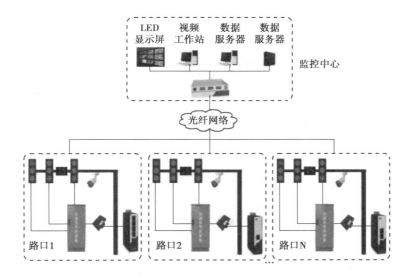

图 4-2-8　通信控制与信息发布子系统

2.多车列队协同的控制

（1）多车列队协同控制的概念

多车列队协同控制是通过控制手段实现自动驾驶汽车自动组队以较小间距沿相同路径行驶，提高道路车辆密度，简化交通控制复杂程度，在缓解交通压力的同时还可以降低油耗,节约能源。智能网联汽车将先进的计算机技术、信息采集与通信技术和无人驾驶车辆技术集成在一起,基于感知车辆及车队周围的环境信息，通过车辆队列和单体车辆整体和局部决策规划，利用协同控制策略和方法，实现多智能体的协同驾驶。多车列队协同如图 4-2-9 所示。

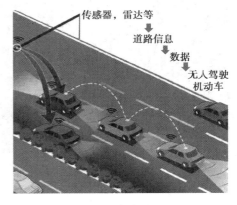

图 4-2-9　多车列队协同

（2）实现方式

数据接收单元根据车辆信息进行处理，并进行轨迹规划后将信息发送。场景中各个车辆根据自车的传感器（如 GPS、速度传感器、加速度传感器、横摆角速度传感器等）获得自车的位置、速度、横摆角（或者横摆角速度）等自车的状态变量，并根据地图信息计算得出自车所在车道、车道宽度、车辆与车道中线的夹角等数据。通过车载通信将其和换道决策信息发送到协同轨迹规划车辆。在协同轨迹规划车辆上，一方面，数据处理模块凭借地图信息，计算得到车辆之间的相对距离、速度等信息；根据车辆的换道决策划分为换道车辆和直行车辆，并将相关信息传递到协同轨迹规划层，为其提供相关数据。另一方面，无线通信发射模块把规划好的车辆轨迹发送到各个车辆。

【知识链接】

我国汽车联网与通信技术

1. 华为 NFC 的运用

2019 年 12 月，华为钱包与比亚迪 DiLink 联合发布基于 NFC 的智能"手机车钥匙"，将搭载比亚迪宋 Pro 车型，实现解锁和上锁等一系列动作，为用户提供更便捷智能的数字车生活，如图 4-2-10 所示。

2. 华为 LTE-V 通信终端的运用

2018 年 9 月 15 日—18 日在无锡召开的世界物联网博览会上，奥迪、大众、一汽、东风、长安、上汽等汽车厂商采用搭载华为 LTE-V（基于移动通信技术演进形成的车联网无线通信技术）车载终端的汽车，进行了 V2X 智慧交通场景演示。华为 LTE-V 车载终端成为国内首个在开放道路上成功应用的 LTE-V 车联网终端，通过集成千寻位置的亚米级定位服务及融合惯导算法，为汽车提供了车道级的定位能力，如图 4-2-11 所示。

图 4-2-10　华为 NFC 运用

图 4-2-11　华为 LTE-V 通信终端的运用

【课后习题】

一、填空题

1. 智能网联汽车 V2X 通信指_____、_____、_____、_____。
2. 根据通信距离，无线通信可以分为_____、_____、_____。
3. 智能网联汽车车载网联类型主要有_____、_____、_____、
_____。
4. 近距离通信技术主要有_____、_____、_____、_____。

二、选择题

1. 不属于短距离通信的是（　　　）。
A. ZigBee　　　　　　B. Wi-Fi　　　　　　C. 5G 网络　　　　　　D. UWB
2. 不属于远距离无线通信的是（　　　）。
A. 移动通信　　　　　B. 微波通信　　　　　C. 卫星通信　　　　　D. LTE-V 通信
3. V2V 最典型的应用是用于（　　　）。
A. 车辆间防碰撞安全系统　　　　　　B. 自动空调系统
C. 车道保持辅助系统　　　　　　　　D. 电动助力转向系统
4. V2X 主要不包含（　　　）。
A. V2V　　　　　　　　　　　　　　B. V2I
C. V2N　　　　　　　　　　　　　　D. P2P
5. 以下不是 CAN 节点主要组成元件的是（　　　）。
A. 微控制器　　　　　　　　　　　　B. CAN 控制器
C. CAN 收发器　　　　　　　　　　　D. ECU

三、简答题

1. 智能网联汽车网络系统具有哪些特点？
2. 举例说明车载网络在智能网联汽车上的应用。
3. 举例说明车载移动互联网在智能网络汽车上的应用。

项目五 │ 智能网联汽车的决策规划与控制执行技术

未来智能网联汽车能够在道路上有序地安全行驶，特别是无人驾驶汽车不依赖驾驶员也能安全行驶。智能网联汽车或无人驾驶技术依靠的是决策规划与控制执行技术对道路、车辆、行人、交通标志、交通信号灯等进行检测和识别，以保证汽车安全行驶。

/任务一/　认知智能网联汽车决策规划技术

智能网联汽车是集感知、决策和控制等功能于一体的自主交通工具。其中，智能网联汽车决策规划技术是依据感知信息来进行决策判断，制订相对控制策略，替代人类驾驶员做出驾驶决策。智能网联汽车决策规划技术由环境预测模块、行为决策模块、动作规划模块、路径规划模块四个模块组成。

【知识目标】

1. 能描述决策规划技术的概念和内容；
2. 能描述决策规划技术的类型；
3. 能解释决策规划技术的要求；
4. 能说明决策规划技术的方法。

【素质目标】

1. 通过对汽车决策规划技术的学习，让学生知道技术在不断进步，激发学生不断学习的兴趣；
2. 通过对比决策规划技术在国内外汽车中的应用，激发学生的民族自豪感和职业精神，培养创新意识，为国家经济发展做贡献。

【任务实施】

智能网联汽车是集感知、决策和控制等功能于一体的自主交通工具，其中智能决策是依据感知信息来进行决策判断，确定适当工作模型，制订相应控制策略，替代人类驾驶员做出驾驶决策，其功能如图 5-1-1 所示。

图 5-1-1 智能决策的功能

一、决策规划的概念

决策规划汇集了所有重要的车辆周围信息，不仅包括汽车本身的当前位置、速度、方向和所在车道，还包括汽车在一定距离范围内与感知相关的所有重要障碍物体的信息和预测轨迹，在所获得信息的基础上来确定汽车的驾驶策略。决策规划主要包括预测算法、行为规划和动作规划等。决策规划是智能网联汽车自动驾驶的关键部分之一，它首先融合多传感信息，对周围可能存在障碍物的目标状态进行预测；然后根据驾驶需求进行行为决策，规划出两点间多条可选安全路径，并在这些路径中规划选取一条最优的路径作为车辆行驶轨迹。

决策规划的基本效果如图 5-1-2 所示。和人类驾驶员一样，机器在做驾驶决定时需要回答几个问题：我在哪儿？周围的环境怎么样？接下来会发生什么？我该做什么？这是一个基于信息感知进行决策的过程，具体如何决定需要自动驾驶的决策层完成。

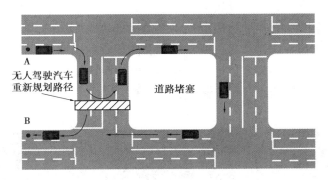

图 5-1-2 决策规划的基本效果

二、决策规划的层级结构

决策规划主要完成的工作具体来说可分为两个步骤：第一步认知理解，即依据感知层不同传感器采集的信息，通过高精度地图对智能网联汽车自身位置的精确定位，同时对车辆周围的环境信息和目标状态进行精确感知；第二步决策规划包含目标状态预测、行为决策和路径规划，依据对智能网联汽车周围目标状态的精确感知，准确预测未来可能发生的情况，对下一步行为进行正确判断和决策，规划并选择适宜的路径达到目标，如图 5-1-3 所示。

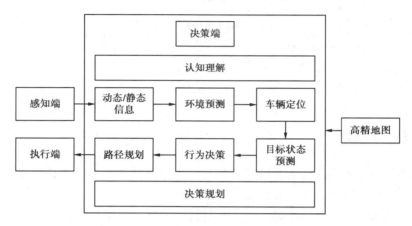

图 5-1-3　决策规划的具体工作

1. 环境预测模块

环境预测模块作为决策规划控制模块的直接数据上游之一，其主要作用是对感知层所识别到的物体进行行为预测，并且将预测的结果转化为时间空间维度的轨迹传递给后续模块。通常感知层所输出的物体信息包括位置、速度、方向等物理属性，如图 5-1-4 所示。

2. 行为决策模块

行为决策模块在整个自动驾驶决策规划控制软件系统中扮演着"副驾驶"的角色。这个层面汇集了所有重要的车辆周边信息，不仅包括自动驾驶汽车本身的实时位置、速度、方向，还包括车辆周边一定距离以内所有的相关障碍物信息以及预测的轨迹，如图 5-1-5 所示。行为决策是根据路径规划目标，结合环境感知模块对驾驶环境的描述，以及预测模块对驾驶环境变化趋势的预测，对车辆需要采取的行为作出规划，如图 5-1-6 所示。

图 5-1-4　环境预测模块

图 5-1-5　行为决策模块

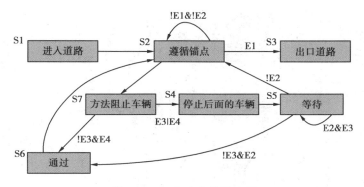

图 5-1-6　行为决策的过程

3. 动作规划模块

自动驾驶汽车规划模块包括动作规划和路径规划两部分。动作规划模块主要是对短期甚至是瞬时的动作进行规划，例如转弯、避障、超车等动作；而路径规划模块是对较长时间内车辆行驶路径的规划，例如，从出发地到目的地之间的路线设计或选择，如图5-1-7所示。

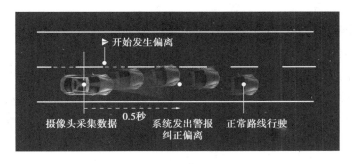

图 5-1-7　动作规划模块

4. 路径规划模块

路径规划主要包含两个步骤：建立包含障碍区域与自由区域的环境地图；以及在环境地图中选择合适的路径搜索算法，快速实时地搜索可行驶路径。路径规划结果对车辆行驶起着导航作用，它引导车辆从当前位置行驶到达目标位置。环境地图表示方法主要分为度量地图表示法（如图5-1-8所示）、拓扑地图表示法（图5-1-9所示）等。

三、决策规划的类型

路径规划模块需要根据局部环境感知、可用的全局车道级路径、相关交通规则，提供能够将车辆引导向目的地（或目的点）的路径。路径规划可分为全局路径规划方法、局部路径规划方法和混合路径规划方法三种。从轨迹决策的角度考虑，根据事先对环境信息的已知程度，可把路径规划划分为基于完全信息的全局路径规划和基于传感器信息的局部路

图 5-1-8　度量地图表示法　　　　　　　　　图 5-1-9　拓扑地图表示法

径规划。

1. 全局路径规划

全局路径规划是基于完全信息，按照一定的算法搜寻一条最优或者近似最优的无碰撞路径。例如，从上海到北京有很多条路，规划出一条最优行驶路线，即为全局规划，如图5-1-10所示。

2. 局部路径规划

局部路径规划是对环境局部未知或完全未知，完全基于传感器信息，随着自主车辆的运动，通过传感器为自主车辆提供有用的信息，从而能够确定出障碍物和目标点的位置，规划出一条由起始点到目标点的路径，如图5-1-11所示。例如，在全局规划好的上海到北京的那条路线上会有其他车辆或者障碍物，想要避过这些障碍物或者车辆，就需要转向调整车道，这就是局部路径规划。

图 5-1-10　上海到北京路线规划　　　　　　　图 5-1-11　局部路径规划

从获取障碍物信息是静态还是动态的角度看，全局路径规划属于静态规划（又称离线规划），局部路径规划属于动态规划（又称在线规划）。全局路径规划需要掌握所有的环境信息，是高精地图下的车道级寻径问题，解决的是起点到终点的最佳道路行驶序列；局部路径规划只需要由传感器实时采集环境信息，了解环境地图信息，然后确定出所在地图的位置及其局部的障碍物分布情况，从而选出从当前节点到某一子目标节点的最优路径。

根据所研究环境的信息特点，路径规划还可分为离散域范围内的路径规划问题和连续域范围内的路径规划问题。离散域范围内的路径规划问题属于一维静态优化问题，相当于环境信息简化后的路线优化问题；而连续域范围内的路径规划问题则是连续性多维动态环境下的问题。

四、决策规划的要求

决策规划是自动驾驶进行行为决策和路径规划的过程，该过程要完全符合人类对驾驶性的预期，并且满足安全、舒适、高效等性能和品质的要求。具体表现在以下几个方面。

①车辆应该在自动避开所有障碍物的前提下，到达指定的目的地。

②车辆安全到达目的地所用的时间最短，路程最短。

③采用的路径简单可靠，以便简单实现对无人车的控制。

④车辆行驶的路径尽量不重复或者少重复。

⑤车辆选用合适的行驶策略，减少车辆的能量消耗。

五、决策规划的方法

1. 目标状态预测

目标状态预测是对智能网联汽车周边的目标（人、车、物等）进行未来比较短时间内的行为和轨迹预测，该预测信息可附加在目标感知结果中，与环境感知信息一并发送给下层的决策端，为汽车安全决策规划提供信息依据。目标状态预测主要解决两大类问题：一是目标的行为预测（包括静止、左行、右行或直行等）；二是目标的轨迹预测（包含位置、时间戳、速度、角度、加速度等信息）。通过辨识目标的行为和拟合运动轨迹，实现对目标的状态预测。

当前主流的目标状态预测方法主要包括三种：①基于运动模型的卡尔曼滤波方法；②基于马尔可夫链的预测方法；③基于数据的神经网络方法。

2. 行为决策

智能网联汽车行为决策系统是指通过传感器感知得到交通环境信息，考虑周边环境、动静态障碍物、车辆汇入以及让行规则等，与智能驾驶库中的经验知识等进行匹配，进而选择适合当前交通环境下的驾驶策略。这种驾驶策略一般指的是在某个特定状态下，是变道、跟随还是超车等宏观意义上的驾驶行为。

行为决策的目标主要是保证智能网联汽车可以像人类一样产生安全的驾驶行为，满足车辆安全性能、遵守交通法规等原则。智能网联汽车的行为决策方法包括基于规则的行为决策方法和基于强化学习的行为决策方法。

3. 路径规划

路径规划是智能网联汽车实现自主驾驶的基础，其作用是在当前工作环境中按照某种性能指标搜索出一条从起点到终点的最优或次优路径。从严格意义上来讲，路径规划是将行为决策的宏观指令解释成一条带有时间信息的轨迹曲线，包括轨迹规划和速度规划。

路径规划是解决智能网联汽车如何达到行驶目标问题的上层模块，它依赖于为智能联网汽车驾驶定制的高精地图，与普通导航单纯提供指引的性质不同，智能网联汽车的路径规划模块需要提供能够引导车辆正确驶向目的地的轨迹。这些轨迹至少要达到车道级导航的水平，而且轨迹上影响车辆行驶的周边环境也需要被准确描述和考虑，如图 5-1-12 所示。

根据车辆导航系统的研究历程，智能网联汽车路径规划算法可分为静态路径规划算法和动态路径规划算法。静态路径规划是以物理地理信息和交通规则等条件为约束来寻求最短路径，静态路径规划算法已日趋成熟，相对比较简单，但对于实际的交通状况来说，其应用意义不大。动态路径规划是在静态路径规划的基础上，结合实时的交通信息对预先规划好的最优行车路线进行适时的调整直至到达目的地最终得到最优路径。下面介绍几种常见的车辆路径规划方法。

路径规划的功能根据路径规划给出的轨迹、行为规划确定的驾驶模式，按照特定的动作去跟随轨迹。这些具体的动作规划发送给执行机构实现车辆的运动控制。如图 5-1-13 所示，将当前的道路系统处理为有向网络图，这种有向网络图中可以表示道路和道路之间的各种连接、交通规则、道路宽度等，每一个有向边都带权重。然后，汽车的路径规划问题就变成了在路网图中为了使汽车能从 A 点位置到达 B 点位置，在一定方法的基础上，选择最优路径，这就使路径规划问题成为有向网络图搜索问题。

图 5-1-12　路径规划

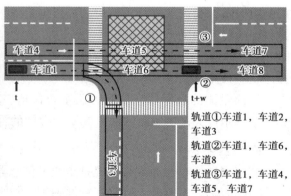

图 5-1-13　有向网络图

智能网联汽车路径规划中的路由寻径也是解决汽车从 A 点到达 B 点的路由问题，但由于输出结果没有被驾驶员使用，而是给下游行为决策和行动规划等模块作为输入，因此路径规划的层次应该是更深入到高精地图所使用的车道级别。箭头线段代表高精地图级别的道路划分和方向，车道 1，车道 2，…，车道 8 构成一系列用于路由输出的路由段序列。汽车地图级别的车道划分与实际的自然道路划分不一致，如图 5-1-14 所示，车道 2、车道 5 和车道 7 都表示由地图定义绘制的"虚拟"转弯车道。同样，一条较长的实际道路也可分为若干车道。作为整个汽车决策控制规划系统的最上游模块，寻路模块的输出依赖于高精地图的绘制。

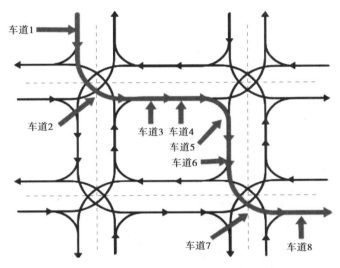

图 5-1-14 车道级规划

4. 路径规划的步骤

在目标状态预测之后，需要对智能网联汽车路径进行规划。路径规划的基本思路是：把需要解决的最短时间、最短距离、最少花费等问题转变成求解最短路径，因为只有找到了最短路径，以上问题都将得到解决。其一般步骤主要包括环境建模、路径搜索和路径平滑三个环节，如图 5-1-15 所示。

图 5-1-15 路径规划的步骤

（1）环境建模

环境建模是路径规划的重要环节，目的是建立一个便于计算机进行路径规划所使用的环境模型，即将实际的物理空间抽象成算法能够处理的抽象空间，实现相互间的映射。

（2）路径搜索

路径搜索阶段是在环境模型的基础上应用相应算法寻找一条行走路径，使预定的性能函数获得最优值。

（3）路径平滑

通过相应算法搜索出的路径并不一定是一条运动物体可以行走的可行路径，需要做进一步处理与平滑才能使其成为一条实际可行的路径。

对于离散域范围内的路径规划问题，或者在环境建模或路径搜索前已经做好路径可行性分析的问题，路径平滑环节可以省去。

【知识链接】

决策规划的应用

根据 2021 年 3 月举办的"广州—北京 3 000 公里"测试，小鹏自动驾驶系统 NGP 在线路、场景等方面都超过特斯拉 NOA。小鹏 NGP 的可使用里程比特斯拉 NOA 更长，能适应的场景更多。根据测试结果，小鹏 NGP 的可使用比例均超过 95%，而特斯拉 NOA 最高占比只有 93%。 另一方面，自动驾驶系统能够自主决策并执行方案的成功率是反映技术先进与否的核心，接管次数、变道超车、进出匝道的成功率和隧道通行的成功率等是这方面的量化指标之一，NGP 都表现更优，甚至在进出匝道成功率以 92.76% 远超特斯拉 NOA 的 32.10%，如图 5-1-16。

图 5-1-16　小鹏汽车

根据第三方对"特斯拉＋新势力"的导航辅助驾驶测评，围绕匝道场景、变道场景、特殊场景和人机共驾策略共计 4 个维度，小鹏以 69.03% 总分位列第一。小鹏凭借全线自研路线及本土化优势，在匝道能力及超车策略方面优势明显。反观特斯拉因对中国道路环境的适应性不足，在匝道及变道的表现拖累其排名垫底。

【课后练习】

一、填空题

1. 智能网联汽车是集＿＿＿＿、＿＿＿＿和＿＿＿＿等功能于一体的自主交通工具。

2. 路径规划可分为_____、_____和_____三种。

3. 环境地图表示方法主要分为_____、_____等。

4. 路径规划可分为_____、_____和_____三种。

二、选择题

1. 不属于路径规划步骤的是（　　　）。

A. 环境建模　　　　　　B. 路径搜索

C. 路径平滑　　　　　　D. 图像虚拟

2. 不属于决策规划的方法是（　　　）。

A. 目标状态预测　　　　B. 行为决策

C. 路径规划　　　　　　D. 环境预测

3. 不属于决策规划层级结构的是（　　　）。

A. 环境预测模块　　　　B. 行为决策模块

C. 行为检测模块　　　　D. 动作规划模块

三、简答题

1. 当前主流的目标状态预测方法有哪些？

2. 决策规划的要求有哪些？

3. 环境预测模块的作用是什么？

/任务二/　认知智能网联汽车控制执行技术

【知识目标】

1. 能描述控制执行技术的概念和内容；

2. 能描述控制执行技术的组成；

3. 能解释控制执行技术的应用范围。

【素质目标】

1. 通过对控制执行技术的学习，让学生知道技术在不断进步，激发学生不断学习的兴趣；

2.通过对汽车自动驾驶技术的学习，激发学生努力学习和终身学习，提高专业能力和专业水准，促进自动驾驶汽车发展。

【任务实施】

自动驾驶要实现对车辆的运动和车身电气进行自动控制，需要相应的线控系统来满足，其中车身电气系统用于实现对车辆内外部灯光、车门以及人机交互界面等内外部交互的控制，底盘线控系统用于实现对车辆运动的控制。

智能网联汽车的行为决策是基于环境感知和导航子系统的信息输出，这包括选择哪条车道、是否换车道、是否跟车、是否绕道、是否停车等，如图 5-2-1 所示。

车辆控制是指控制转向、驾驶和制动，执行规划决策模块发出需求速度和需求方向盘转角，也包括转向灯、喇叭、车窗、仪表等车身电气控制信号。

底盘线控制系统包括转向、制动、驱动控制，其中制动部分包括行车制动、驻车制动与辅助制动、驱动系统（发动机、电机、混合动力控制）、传动系统控制等，如图 5-2-2 所示。其中，线控转向和线控制动是自动驾驶执行端方向最核心的产品。

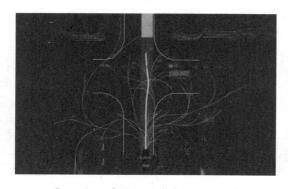

图 5-2-1 智能网联汽车的行为决策

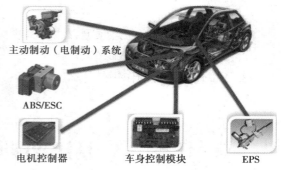

图 5-2-2 底盘线控制系统

一、控制执行的概念

控制执行是整个自动驾驶系统的最后一环，是将环境感知、行为决策、路径规划的结论付诸实践的执行者。控制执行系统将来自决策系统的路径规划落实到汽车机构的动作上。控制过程的目标就是使车辆的位置、姿态、速度和加速度等重要参数符合最新决策结果。

二、控制执行的类型

智能网联汽车的控制执行是"人—车—路"组成的智能系统，从而完成自动驾驶和协同驾驶的落地部分，主要包括车辆的纵向运动控制和侧向运动控制。纵向运动控制，即车辆的制动和驱动控制，如图 5-2-3 所示。侧向运动控制，即通过轮胎力的控制以及方向盘角度的调整，实现自动驾驶汽车的规划路径跟踪，如图 5-2-4 所示。这些纵向运动控制和侧向运动控制是通过底盘线控技术来实现汽车自动驾驶的。

图 5-2-3　纵向运动控制　　　　　　　图 5-2-4　侧向运动控制

控制执行需要借助复杂的汽车动力学完成主控系统，主控系统由软件部分的智能车载操作系统与硬件部分的高性能车载集成计算平台联合组成。智能车载操作系统融合了内容服务商和运营服务商的数据，以及车内人机交互服务，能够为乘客提供周到的个性化服务，目前的主流操作系统包括 Windows、Linux、Android、QNX、YunOS(阿里云系统) 等。

高性能车载集成计算平台融合高精地图、传感器、V2X 的感知信息进行认知和最终的决策计算，目前主流硬件处理器包括 FPGA、ASI、CGPU 等型号。最终，决策的计算信息汇入车辆总线控制系统，完成执行动作。

三、控制执行的方法

目前，控制执行主流的控制算法主要有 PID 控制、模型预测控制、滑模控制三类。

1. PID 控制

PID 控制简称比例、积分和微分控制。PID 控制器结构简单、容易实现且能达到较好的控制效果，因此广泛应用于控制领域。PID 控制由比例单元 P、积分单元 I 和微分单元 D 组成。PID 控制通过调节比例、积分、微分实现系统的性能优化，各调节参数的作用表现见表 5-2-1。

表 5-2-1　PID 调节参数

比例调节	按比例反映系统的偏差，系统一旦出现了偏差，比例调节立即产生调节作用以减少偏差。比例参数大，可以加快调节，减少误差，但是过大的比例，使系统的稳定性下降，甚至造成系统的不稳定
积分调节	使系统消除稳态误差，提高无差度。只要存在误差，积分调节就起作用，直至消除误差，然后积分调节终止。积分作用的强弱取决于积分时间常数，该值越小，积分作用就越强，反之则越弱。但是，加入积分调节可使系统稳定性下降，动态响应变慢。积分调节常与另外两种调节规律结合，组成 PI 调节器或 PID 调节器

续表

微分调节	能够产生超前的控制作用,在偏差还没有形成之前,可通过微分调节作用消除。因此,可减少超调量和调节时间,有效改善系统的动态性能。但是,微分调节对噪声干扰有放大作用,因此过强的微分调节,对系统抗干扰不利。此外,微分调节反映的是变化率,而当输入没有变化时,微分作用输出为零,所以微分作用不能单独使用,需要与另外两种调节规律相结合,组成 PD 或 PID 控制器

2. 模型预测控制

模型预测控制（MPC）用于解决 PID 控制不易解决的多变量、多约束的优化问题,具有处理线性和非线性模型,同时观察系统约束和考虑未来行为的能力,近年来广泛用于智能网联汽车路径跟踪控制。MPC 主要由模型预测、滚动优化和反馈调整三部分组成。

3. 滑模控制

滑模控制（SMC）是一类特殊的非线性结构控制,其非线性表现为控制的不连续性,控制原理为根据系统所期望的动态特性来设计系统的切换超平面,通过滑动模态控制器使系统状态从超平面之外向切换超平面收束;系统一旦到达切换超平面,控制作用将保证系统沿切换超平面到达系统原点,这一沿切换超平面向原点滑动的过程称为滑模控制。

滑模控制 SMC 对非线性系统以及未知干扰具有较强的鲁棒性,然而单一的 SMC 往往不能满足智能汽车控制的要求。因此,改进基于滑模变结构的运动控制方法成为当前的研究重点,主要方向有融合比例微分控制、自适应模糊控制以及神经网络控制的控制方法。

四、线控技术

图 5-2-5　线控技术基本原理

线控技术是将驾驶员的操作动作经过传感器转变成电信号来实现传递控制,替代传统机械系统或者液压系统,并由电信号直接控制执行机构以实现控制目的,基本原理如图 5-2-5 所示。

由于线控系统取消了传统的气动、液压及机械连接,取而代之的是传感器、控制单元及电磁执行机构,所以具有安全、响应快、维护费用低、安装测试简单快捷的优点。智能网联线控技术主要是线控底盘。线控底盘主要由四大系统构成,分别是线控转向、线控制动、线控驱动和车身控制模块,其中线控转向和线控制动是自动驾驶执行端方向最核心的产品。

五、转向系统技术

线控转向系统（SBW）是智能网联汽车实现路径跟踪与避障避险必要的关键技术,为智能网联汽车实现自主转向提供了良好的硬件基础,其性能直接影响主动安全与驾乘体验。线控转向系统取消了传统的机械式转向装置,转向盘和转向轮之间无机械连接,可以减轻车体重量，消除路面冲击，具有减小噪声和隔震等优点。

线控转向系统通过在方向盘到车轮间增加主动控制电机，实现对转向系统的主动控制。在传统的电助力转向车辆中，可以通过对助力电机的主动控制实现主动转向，但是也需要在驾驶人干预时主动控制系统能够及时退出，满足人工控制优先的控制需求。

1. 线控转向系统结构

线控转向系统主要由方向盘模块、转向执行模块和ECU 3个主要部分以及自动防故障系统、电源系统等辅助模块组成，如图5-2-6所示。

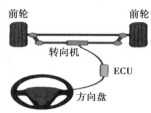

图5-2-6 线控转向系统

（1）转向盘模块

转向盘模块包括转向盘、转向盘转角传感器、扭矩电机。其主要功能是将驾驶员的转向意图，通过测量转向盘转角转换成数字信号并传递给主控制器；同时接受ECU送来的力矩信号产生转向盘回正力矩，向驾驶员提供相应的路感信号。

（2）转向执行模块

转向执行模块包括转角传感器、转向执行电机、转向电机控制器和前轮转向组件等，其主要功能是接受ECU的命令，控制转向电机实现要求的前轮转角，完成驾驶员的转向意图。ECU对采集的信号进行分析处理，判别汽车的运动状态，向扭矩电机和转向执行电机发送命令，控制两个电机的工作。其中，转向执行电机完成车辆航向角的控制，扭矩电机模拟产生方向盘回正力矩以保障驾驶员驾驶感受。

（3）电源系统

电源系统承担控制器、执行电机以及其他车用电机的供电任务，用以保证电网在大负荷下稳定工作。

（4）自动防故障系统

自动防故障系统是保证在线控转向系统故障时，提供冗余式安全保障。它包括一系列监控和实施算法，针对不同的故障形式和等级作出相应处理，以求最大限度地保持汽车的正常行驶。当检测到ECU、转向执行电机等关键零部件产生故障时，故障处理ECU自动工作，首先发出指令使ECU和转向执行电机完全失效，其次紧急启动故障执行电机以保障车辆航向的安全控制。

2. 线控转向系统工作原理

驾驶员转动方向盘时，转向盘转矩传感器和转向角传感器将测量到的驾驶员意图转换成数字信号，连同整车其他的信号，如车速信号等，通过总线传输给ECU，ECU再根据设定好的算法计算出前轮转角并将该信号传递给转向电机完成转向。另外，通过转向阻力传感器获得转向阻力信息后，根据回正力矩算法，将回正力矩大小传递给驾驶员完成路感反馈。并根据转向力模拟生成反馈转矩，同时控制转向电动机的旋转方向、转矩大小和旋转角度，通过机械转向装置控制转向轮的转向位置，使汽车沿着驾驶员期望的轨迹行驶其原理如图5-2-7所示。

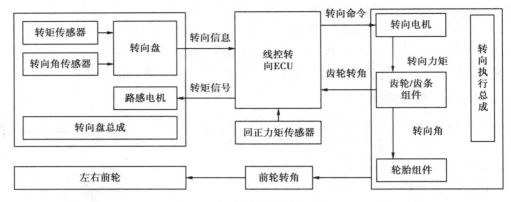

图 5-2-7 线控转向系统工作原理

（1）转向输入

当驾驶员转动转向盘时，转向盘转角位移传感器检测出驾驶员转向意图，并将其转换成数字信号连同车速信号、横摆角速度信号、侧向加速度信号、道路附着条件以及其他车辆行驶相关信息通过数据总线传输给线控转向系统 ECU。

（2）实现转向

ECU 按照提前设定好的前轮转角控制算法，计算出前轮转角控制信号，并将其传递给转向电机，进而控制转向车轮输出目标前轮转角。

（3）实现路感反馈

ECU 通过转向执行系统的转向阻力传感器获得转向阻力信息，按照提前设定好的回正力矩计算方法，计算出回正力矩的大小，将其传递给转向盘系统中的路感电机，使驾驶员获得一定的反映路感信息的回正力矩。

3. 线控转向系统的容错技术

电机中的开关管断路、旋变信号异常和温度传感器异常等故障发生概率较高，对系统影响也较大；传感器中的短路、开路和机械故障等对系统影响较大，但是发生频率不高；通信总线中的接头接触不良对系统影响较大且发生概率较高。

（1）电机故障

对系统影响较大的故障分别是电机绕组断相、电机绕组短路、开关管短路、开关管断路、故障混合出现、旋变信号异常和温度传感器异常等，且出现频率较高的故障有开关管断路、旋变信号异常和温度传感器异常等。

（2）传感器故障

对系统影响较大的故障分别是短路、开路和机械故障，虽然信号混入出现频率较高但对系统的影响程度较低。

（3）通信总线故障

对系统影响较大的故障分别是接头接触不良、开路、总线初始化故障、总线发送超时故障、总线接收超时故障等，且出现频率较高的故障主要是接头接触不良，虽然信号混入出现频率较高但对系统的影响程度较低。

目前的容错方法从技术的角度可以分为两大类：一类是依靠硬件备份的冗余技术，一类是依靠软件的容错算法技术。硬件冗余方法主要是通过对重要部件及易发生故障部件提供备份，以提高系统的容错性能；软件冗余方法主要是依靠控制器的容错算法来提高整个系统的冗余度，从而改善系统的容错性能。

六、线控驱动技术

线控驱动系统（DBW）是智能网联汽车实现的必要关键技术，为智能网联汽车实现自主行驶提供了良好的硬件基础。驱动系统是较早实现主动线控控制的系统。例如，电子节气门就是一种典型的线控驱动控制方式，发动机控制系统采集油门踏板角度，然后根据油门踏板角度与节气门开度之间的关系控制节气门，实现非机械结构连接的驱动控制。

随着电驱动系统的发展，混合动力、插电式混合动力、纯电动汽车得到了广泛应用，也进一步为线控驱动系统的发展提供了便利的条件。

1. 线控驱动系统的结构

由于电动汽车整车控制单元（VCU）的主要功能是通过接收车速信号、加速度信号以及加速踏板位移信号，实现扭矩需求的计算，然后发送转矩指令给电机控制单元，进行电机转矩的控制，所以通过整车控制单元（VCU）的速度控制接口来实现线控驱动控制，如图 5-2-8 所示。

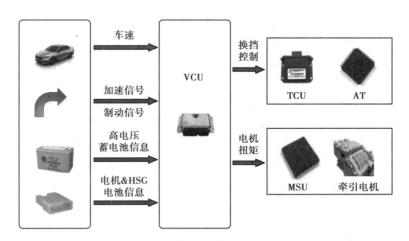

图 5-2-8　整车控制单元（VCU）

整车控制器是各类线控驱动控制系统核心，通过油门踏板、挡位以及汽车运动状态，判断驾驶人或者自动驾驶系统的操纵或者控制意图，然后通过对自动变速箱、发动机（电机或发动机与电机组合）的动力控制，实现主动驱动控制。

针对整车控制器，控制策略的输入信号有加速踏板开度、制动踏板开度、实际挡位、车速、电机转速、电机转矩以及电池 SOC 信号等，这些信号经过处理后经由 CAN 总线传入整车控制器，为驱动控制策略的判断和运算提供依据。

整车控制器输出扭矩指令信号给到电机控制器 MCU，电机控制器 MCU 输出电机的实际扭矩；为确保扭矩安全，根据能量守恒原理，利用电机控制器的有功输出平衡原理，实现电机实际扭矩输出的监控。电机控制器 MCU 控制算法为转子磁链定向矢量控制方式。

2. 线控驱动系统在先进辅助驾驶的应用

随着电动车技术的不断成熟，对电气化零部件要求将日益提升，也正推进线控驱动技术由集中式驱动向分布式驱动不断发展。

在 L3/L4 级别自动驾驶情况下，新能源汽车线控驱动架构将以中央传统驱动为主。中央传动驱动有 4 种布置方式："发动机 + 后桥电机""发动机 + 双电机（带发电机）""发动机 + 双电机（不带发电机）""发动机 + 三电机"。另外，"发动机 + 双电机 / 三电机"作为电驱动桥技术的另外一种方案，同样通过传统驱动和电动驱动实现四驱运行；具有前驱、后驱及四驱自动切换，良好的动力性能和弯道操控性能等优点，但技术要求较高且结构非常复杂。

双电机全轮驱动技术极大地简化整车结构布局，拥有更多的整车布置空间、更好的加速性能和操控体验。然而存在的最大的难题主要是对电控系统要求非常高。

七、制动控制

线控制动系统是智能网联汽车"控制执行层"的必要关键技术，为智能网联汽车实现自主停车提供了良好的硬件基础，是实现高级自动驾驶的关键部件之一。它是将原有的制动踏板机械信号通过改装转变为电控信号，再通过加速踏板位置传感器接收驾驶人的制动意图，产生制动电控信号并传递给控制系统和执行机构，并根据一定的算法模拟踩踏感觉反馈给驾驶人。

线控制动系统可以主动产生制动压力，并分配至各车轮制动轮缸，使车辆产生稳定平衡的制动力。典型的线控制动系统的核心是液压调节器。由于线控制动通过 ECU 实现系统控制，ECU 的可靠性、抗干扰性、容错性以及多控制系统之间通信的实时性，都有可能对制动控制产生影响。

1. 线控制动系统的分类、组成及原理

线控制动控制技术分为电子液压制动系统（EHB）和电子机械制动系统（EMB）。

（1）电子液压制动系统（EHB）

电子液压制动系统是从传统的液压制动系统发展来的。但与传统制动方式不同，EHB 以电子元件替代了原有的部分机械元件，将电子系统和液压系统相结合，是一个先进的机电液一体化系统，其控制单元及执行机构布置集中。因为使用制动液作为制动力传递的媒介，也称为集中式、湿式制动系统。

（2）电子机械制动系统 EMB

电子机械制动系统（Electronic Mechanical Brake）基于一种全新的设计理念，完全摒

弃了传统制动系统的制动液及液压管路等部件，由电机驱动产生制动力，每个车轮上安装一个可以独立工作的电子机械制动器，也称为分布式、干式制动系统。

2.线控制动系统的组成

（1）线控制动系统的组成

EHB 主要由电子踏板、电子控制单元（ECU）、液压执行机构等部分组成。电子踏板是由制动踏板和踏板传感器（踏板位移传感器）组成。加速踏板位置传感器用于检测踏板行程，然后将位移信号转化成电信号传给 ECU，实现踏板行程和制动力按比例进行调控，如图 5-2-9 所示。

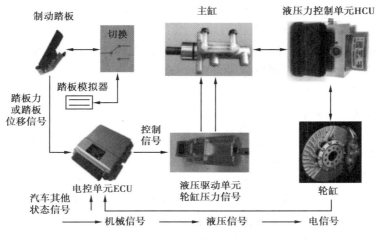

图 5-2-9　EHB 的组成

（2）电子机械制动系统的组成

EMB 系统主要由电子机械制动器、ECU 和传感器等组成，如图 5-2-10 所示。EMB 的结构极为简单紧凑，制动系统的布置、装配和维修都非常方便。同时，由于减少了一些制动零部件，大大减轻了系统的重量。它更为显著的优点是随着制动液的取消，汽车底盘使用、工作及维修环境得到很大程度的改善。

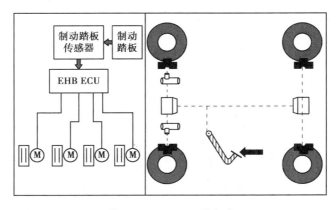

图 5-2-10　EMB 的组成

电子机械制动器是 EMB 系统的关键部件，它通过 ECU 改变输出电流的大小和方向来实现执行电机的力矩和运动方向的改变，将电机轴的旋转变换为制动钳块的开合，通过相应的机构或控制算法补偿由于摩擦片的磨损造成的制动间隙变化。

3. 线控制动系统的工作原理

（1）EHB 线控制动系统的工作原理

当正常工作时，制动踏板与制动器之间的液压连接断开，备用阀处于关闭状态。ECU 通过传感器信号判断驾驶人的制动意图，并通过电机驱动液压泵进行制动。当电子系统发生故障时，备用阀打开，EHB 变成传统的液压系统。制动踏板输入信号后驱动制动主缸中的制动液通过备用阀流入连接各个车轮制动器的制动轮缸，进入常规的液压系统制动模式，保证车辆制动的必要安全保障。

EHB 能通过软件集成如 ABS（防抱死制动系统）、ESP（车身电子稳定系统）、TCS（牵引力控制系统）等功能模块，可以进一步提高行车的安全性及舒适性。当制动器涉水后，EHB 系统可以通过适当的制动动作，恢复制动器的干燥，保持制动器的工作性能。与传统的液压或气压制动系统相比，EHB 系统增加了制动系统的安全性，使车辆在线控制动系统失效时还可以进行制动。但是备用系统中仍然包含复杂的制动液传输管路，使得 EHB 并不完全具备线控制动系统的优点。

（2）EMB 系统的工作原理

EMB 工作时，制动控制单元 ECU 接收制动踏板传来的踏板行程信号，ECU 计算出踩制动踏板的速度信号并结合车辆速度、加速度等其他电信号，明确汽车行驶状态，分析各个车轮上的制动需求，计算出各个车轮的最佳制动力矩大小后输出对应的控制信号，分别控制各车轮上的电子机械制动器中工作电机的电流大小和转角，通过电子机械制动器中的减速增矩以及运动方向转换，将电机的转动转换为制动钳块的夹紧，产生足够的制动摩擦力矩。

与 EHB 相比，EMB 中没有液压驱动部分，系统的响应速度更高，工作稳定性和可靠性更好。但由于完全采取线控的方式，不存在备用的制动系统，因而对系统的工作可靠性和容错要求更高。另外，使用电信号控制电机驱动，使制动系统的响应时间缩短，同时，传感器信号的共享以及制动系统和其他模块功能的集成，便于对汽车的所有行驶工况进行全面的综合控制，提高了汽车的行驶安全性。

八、车身纵向、侧向控制

在底盘线控系统的基础上，智能网联汽车还需要通过车身电气系统的控制，实现自车与其他车辆、环境中交通参与者、交通系统以及车内人员的交互。

智能网联汽车通过各类具体控制算法的设计实现纵侧向控制，并由底盘线控与车身电气控制等系统实现各类控制指令的执行。执行控制是智能驾驶系统的动作执行环节，前面所描述的环境感知、路径规划、行为决策都需要执行控制的具体实现，才能到达车辆自动驾驶、完成各项智能化任务的目标。

1. 车身纵向运动控制

纵向运动控制是指通过对油门和制动的协调，实现对期望车速的精准控制，采用油门和制动综合控制方法实现对预定速度的跟踪。

（1）车身纵向运动控制的分类

·直接式运动控制

直接式运动控制是通过纵向控制器直接控制期望制动压力和节气门开度，从而实现对汽车纵向速度的直接控制。该方法能够使汽车实际纵向速度迅速达到期望值。

·分层式运动控制

分层式运动控制是根据控制目标的不同设计上位控制器和下位控制器。上位控制器是用来产生期望车速和期望加速度，下位控制器根据上位控制的期望值产生期望的节气门开度和制动压力，以实现对速度和制动的分层控制。

直接式运动控制考虑了系统的复杂性和非线性等特点，具有集成程度高、模型准确性强的特点。但是其开发难度较高，灵活性较差。分层式运动控制通过协调节气门和制动分层控制，开发相对易实现。但是由于分层式运动控制会忽略参数不确定性、模型误差以及外界干扰等的影响，建模的准确性会受到一定的影响。

（2）纵向运动控制的基本原理

纵向运动控制的基本原理是根据预定速度和无人驾驶汽车实测速度的偏差，通过节气门控制器和制动控制器根据各自的算法分别得到节气门控制量和制动控制量。切换规则根据节气门控制量、速度控制量和速度偏差选择节气门控制还是制动控制。未选择的控制系统回到初始位置，如果按照切换规则选择了节气门控制，则制动控制执行机构将回到零初始位置。

2. 车身侧向运动控制

侧向运动控制指智能车辆通过车载传感器感知周围环境，结合全球定位系统 GPS 提取车辆相对于期望行驶路径的位置信息，并按照设定的控制逻辑控制车辆方向盘转角使其沿期望路径自主行驶。

车辆侧向运动控制用于控制车辆保持在规划的行驶轨迹上，直到完成驾驶任务。侧向控制系统通过跟踪和预测当前车辆行驶轨迹，并实时与目标轨迹进行对比，根据轨迹间航向、曲率和距离的偏差，实时调整车辆侧向运动，以保证车辆始终跟随目标轨迹。车辆侧向运动控制的算法设计也受安全、舒适、节能等指标的约束。

由于智能网联汽车信息的丰富性，侧向运动控制需求的规划轨迹可以来源于很多方面，如由高精地图规划的全局轨迹，根据当前环境状态规划的局部路径，车道保持系统中提供的车道识别信息，在侧向控制中需要根据安全、舒适、节能等指标融合各类感知信息，决策最优控制指令等。

（1）侧向运动控制的分类

按环境感知传感系统，可分为非前瞻式参考系统和前瞻式参考系统。

· 非前瞻式参考系统

通过计算车辆附近的期望道路与车辆之间的横向位置偏差来控制车辆实现道路跟踪。例如，场区自动循迹物流车是利用安装在道路中间的电缆或磁道钉作为参考，实现侧向运动控制。

· 前瞻式参考系统

前瞻式参考系统是通过测量车辆前方的期望道路与车辆之间的横向位置偏差来控制车辆实现自动转向。常见的智能网联汽车，主要是基于雷达或机器视觉等参考系统完成横向运动控制。

按智能网联汽车侧向运动控制设计方法，还可分为基于模型的系统控制方法和无模型的系统控制方法。

· 基于模型的系统控制方法

基于模型的系统控制方法的基础是利用物理定律或系统辨识，建立车辆系统的数学模型。然后根据车辆当前状态和规划的期望行驶路径或运动参数（如速度、加速度、角度等）之间的偏差，求解出与其相对应的控制输入参数（如转向角），进而实现实时控制。该方法依赖于精确的数学模型，当所建模型与车辆的实际行驶特性存在差异时，往往难以获得令人满意的跟踪控制效果。

· 无模型的系统控制方法

无模型的系统控制方法的基本思想是将车辆系统作为一个"黑匣子"，只利用系统的输入输出信息设计控制器，其控制器结构不依赖于受控对象动力学特性的结构，适用于复杂的非线性系统。该方法不需要车辆动力学的精确模型，利用驾驶人操纵输入与车辆响应输出的直接关系设计控制器，进而实现车辆状态的跟踪控制。但是，基于该方法在控制稳定性和可优化性方面还需进一步提升。

（2）侧向运动控制的基本原理

侧向运动控制的基本原理是根据期望轨迹和无人驾驶汽车实测轨迹的偏差，转向控制器根据算法得到转向盘的转角控制量，最终实现车辆沿期望轨迹行驶。

【知识链接】

控制执行技术的应用

小鹏汽车的目标是使汽车能像人一样思考，具备深度学习能力；具备开车、停车和上高速的能力；具备环境感知和识别能力，能与人眼神交流；具备语言交互能力，能听见人的声音，能听懂人的话；具备智能服务能力，能了解人的需求，能主动给予人以帮助和服务，如图5-2-11。

小鹏汽车的城市NGP及LCC增强版采用全新技术架构，包括定位、感知、预测、规控等方面能力全面提升。相比高速NGP，城市NGP的代码量提升6倍，感知模型数量提升 4 倍，预测 / 规划 / 控制相关代码量提升 88 倍。

　　小鹏 G9 搭载的 XNGP 智能辅助驾驶系统具备全场景智能辅助驾驶能力，也是实现无人驾驶前，辅助驾驶的终极技术形态。它不仅不需要高精地图，在全国各个城市和路段都能使用，同时可覆盖日常通勤，无缝连接高速、城市、地下停车场等各种场景。在高速、城市快速路 XNGP 可以做到司机接近零接管。在安全性、道路博弈能力和通行效率上，XNGP 的体验也将超过大部分司机。为了实现这一能力，小鹏汽车大幅升级硬件，采用 508 TOP 算力 + 双激光雷达 +800W 像素高清摄像头，并应用能力再次提升的软件架构以及全闭环、自成长的 AI 和数据体系。

图 5-2-11　小鹏 G9 汽车

【课后练习】

一、填空题

　　1. 控制执行主流的控制算法主要有_____、_____、_____3 类。

　　2. EHB 主要由_____、_____、_____等部分组成。

　　3. EHB 能通过软件集成如_____、_____、_____等功能模块，可以进一步提高行车的安全性及舒适性。

　　4. 线控制动控制技术分为_____、_____。

　　5. 线控转向系统主要由_____、_____和_____3 个主要部分以及_____、_____等辅助模块组成。

二、选择题

　　1. 不属于中央传动驱动有四种布置方式的是（　　　）。

　　A. 发动机 + 前桥电机　　　　　　　　　　B. 发动机 + 双电机（带发电机）

　　C. 发动机 + 双电机（不带发电机）　　　　D. 发动机 + 三电机

　　2. 属于按智能网联汽车侧向运动控制设计方法的是（　　　）。

　　A. 基于模型的系统控制方法　　　　　　　B. 无模型的系统控制方法

C. 直接式运动控制方法   D. 分层式运动控制方法

3. 属于侧向运动控制按环境感知传感系统的是（   ）。

A. 线控驱动系统   B. 模型预测控制系统

C. 非前瞻式参考系统   D. 前瞻式参考系统

三、名词解释

1. 线控驱动系统

2. 控制执行

3. 决策规划

项目六｜智能网联汽车的先进驾驶辅助技术

智能网联汽车的先进驾驶辅助技术（ADAS）具有更快捷的主动安全技术信息处理，使驾驶员能够在尽可能短的时间内发现可能发生的危险，引起驾驶员注意并提高安全意识。

／任务一／ 认知智能网联汽车的先进驾驶辅助技术

先进驾驶辅助技术（Advanced Driver Assistance Systems，ADAS）能通过环境感知传感器、汽车自身传感器感知汽车本身状态和环境信息，并将之传递给控制单元，控制单元经过相应的处理后执行相应单元动作。同时，ADAS还包括算法、软件以及人机界面的交互（视觉、听觉、触觉反馈）。算法和软件技术可以对传感器获得的数据进行处理和分析，以获得汽车周围环境行为意识（例如其他车辆的技术动作轨迹等），并对交通状况进行分类。通过检测目标物体，驾驶员可以及时得到通知或警告，提醒驾驶人员及时做出反应。

【知识目标】

1. 能描述先进驾驶辅助技术的概念和内容；
2. 能描述先进驾驶辅助技术的组成；
3. 能解释先进驾驶辅助技术的应用范围。

【素质目标】

1. 通过对先进驾驶辅助技术的学习，让学生知道技术在不断进步，激发学生不断学习的兴趣；
2. 通过学习国产汽车先进技术，增强学生民族自信心。

【任务实施】

一、先进驾驶辅助技术的概念

先进驾驶辅助系统，又称为高级驾驶辅助系统，是指利用安装在车辆上的传感器、通信、决策及执行等装置，监测驾驶人、车辆及其行驶环境，并通过影像、灯光、声音、触觉提示/警告或控制等方式辅助驾驶人执行驾驶任务，或主动避免/减轻碰撞危害的各类系统的总称。

二、先进驾驶辅助系统的整体结构

在 ADAS 中，通常融合多个传感器信息实时感知周边环境，为车辆计算系统提供精准的路况数据、障碍物和道路标线等相关信息。软件系统根据传感器的输入实时构建汽车周围环境的空间模型或计算行驶的危险级别。接着，将输出提供给驾驶人或指定系统用于预警或主动干预车辆控制。如图 6-1-1 所示为 ADAS 在汽车上的应用以及不同类型传感器在 ADAS 中的应用范围。

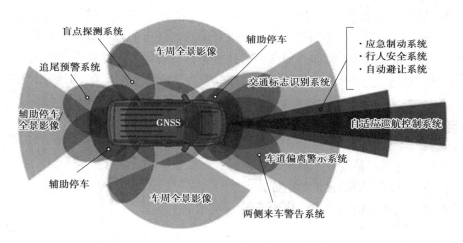

图 6-1-1　ADAS 在汽车上的应用

三、先进驾驶辅助系统的工作原理

先进驾驶辅助系统的工作原理很简单，就是通过安装在车上的各式各样传感器(毫米波雷达、激光雷达、单双目摄像头以及卫星导航)，在汽车行驶过程中随时来感应周围的环境，收集数据，进行静态、动态物体的辨识、侦测与追踪，并结合导航地图数据，进行系统的运算与分析，从而预先让驾驶者察觉到可能发生的危险或主动采取措施预防危险，如图 6-1-2 所示。

图 6-1-2　ADAS 的工作原理

四、先进驾驶辅助系统的工作过程

先进驾驶辅助系统的工作过程分为三步。

1. 信息采集

不同的系统需要使用不同类型的车用传感器，包含毫米波雷达、超声波雷达、红外雷达、激光雷达、CCD CMOS 影像传感器及轮速传感器等，来收集整车的工作状态及其参数变化情形，并将不断变化的机械运动变成电子参数 (电压、电阻及电流)。

2. 信息分析与指令下达

电子控制单元 (ECU) 对传感器所收集到的信息进行分析处理，然后再向控制的执行装置下达动作指令。

3. 执行动作

油门、刹车、灯光、声响等系统都是属于执行器的范畴内，它们会依据 ECU 输出的讯号来执行各种反应动作，让汽车安全行驶于道路上。

五、先进驾驶与辅助技术的类型

先进驾驶与辅助技术按照功能不同，可分为改善视野类 ADAS、预警类 ADAS、自主控制类 ADAS、其他类型 ADAS 等。

1. 改善视野类 ADAS

改善视野类 ADAS 是指通过环境感知传感器、V2X 通信技术等扩大驾驶人视野范围，从而提高在驾驶人视野较差环境下行车安全的驾驶辅助系统，包括夜视辅助系统、全息影像监测系统和自适应照明系统等。自适应前照明系统通过感知道路状况、行驶信息等，调节不同照明模式，使近光灯光轴在水平方向上与转向盘转角联动进行左右转动，在垂直方向上与车高联动进行上下摆动的灯光随动系统，如图 6-1-3 所示。

正常行驶

加速行驶

减速行驶

虚线表示无动态调节的光照

上下调节功能 　　　　　　　　　　　　　　　左右调节功能

图 6-1-3　改善视野类 ADAS

2. 预警类 ADAS

预警类 ADAS 是指自动监测车辆可能发生的危险并提醒驾驶人，从而防止发生危险或减轻事故伤害的驾驶辅助系统，包括车道偏离预警系统、前向碰撞预警系统和盲区监测系统等。车道偏离预警系统通过安装在内视镜附近的摄像头检测前方车道线，并计算出本车与车道线的实时距离，从而判断车辆是否偏离车道。当发现车辆在无换道意图即将偏离本车车道时，通过报警或振动等方式提醒驾驶人，如图 6-1-4 所示。

3. 自主控制类 ADAS

自主控制类 ADAS 是指自动监测车辆可能发生的危险并提醒，必要时系统会主动介入车辆控制系统，通过控制车辆的横、纵向运动防止发生危险或减轻事故伤害的驾驶辅助系统。自主控制类 ADAS 包括车道保持辅助系统、自动紧急制动系统、自适应巡航控制系统和换道辅助系统等。自动紧急制动系统利用车载传感器（如雷达、摄像头等）探测本车前方的车辆、行人及其他障碍物，并检测本车运动状态及其与前方障碍物之间的相对距离、相对速度等信息，实时判断是否存在碰撞危险，如图 6-1-5 所示。如存在碰撞危险时，首先发出预警信息提醒驾驶人进行制动操作以回避碰撞，若驾驶人未能及时对警告信息做出响应，系统将在紧急情况下通过自动制动来减轻碰撞的程度。

图 6-1-4　预警类 ADAS 　　　　　　　　　图 6-1-5　自主控制类 ADAS

4. 其他类型 ADAS

以上三类 ADAS 系统主要是以车外环境感知为基础，以提高行车安全性为目的的驾驶辅助系统。除了上述三类 ADAS，智能网联汽车还有其他类型的 ADAS，比如用于监视驾驶人精神状态的疲劳检测系统、分神驾驶检测系统等。驾驶员状态监测系统通过摄像头、红外照明确定驾驶员目光的方向、双眼的闭合程度以及头部的位置和角度。系统根据这些数据分析驾驶员的状态，一旦驾驶人出现注意力不集中或疲劳驾驶的情况，安全辅助系统就会立即启动，如图 6-1-6 所示。

图 6-1-6　安全辅助系统

【知识链接】

先进驾驶与辅助技术的应用

红旗 H5 以中国式精致时尚的车型设计、宽阔舒适的乘车空间、丰富智能的科技配置和安全健康的驾乘体验，验证红旗品牌硬核产品的竞争力，重新树立了 B 级轿车市场的豪华新维度和尊崇新标准。红旗 H5 搭载了先进的驾驶与辅助技术，如 SACC 高级巡航系统、AEB 紧急制动系统、自动泊车系统等，如图 6-1-7 所示。

图 6-1-7　红旗 H5

1. SACC 高级巡航系统

红旗 H5 整个车身搭载了 1 颗前视单目摄像头、1 颗倒车后视摄像头、2 颗 24 GHz 毫米波雷达、1 颗 77 GHz 毫米波雷达、8 颗超声波雷达，共 13 颗传感器。无论是功能属性，还是数量，都达到了 L2 级智能辅助驾驶的水准。前视摄像头具有 100° FOV 视觉感知方案，盲区缩小 48°，毫米波雷达具有更高的精确度和更远的探测距离（最远探测距离 110 m、测距精度 0.1 m），不受雨天、雾天等环境影响。

图 6-1-8　SACC 高级巡航系统

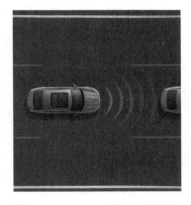

图 6-1-9　SACC 高级巡航功能

在隧道内，在车辆 SACC 高级巡航功能开启情况下，自车与目标车不在同一轴线，测试车与目标车重合度在 50% 以下的情况中，自车能实现稳定跟车。驾驶的时候，车上侧视摄像头检测周围的路况；前视摄像头检测前方的驾驶路况，SACC 高级巡航车速为 0~150 km/h，能根据前车驾驶状态自动变道、加减速、跟停，并在前车驶离 3 s 内自动跟随。在系统检测到周围有危险的时候，系统就会在必要的时间段里，通过信号显示界面向驾驶员报警，提前帮助驾驶员规避危险。

2. AEB 紧急制动系统

红旗 H5 在非自适应巡航的情况下正常行驶，遇到突发危险情况或与前车及行人距离小于安全距离时，AEB 自动紧急制动系统会第一时间视情况发出预警或是采取不同程度的制动，甚至完全刹停，以此来避免事故发生或是降低事故损失，保护用户安全。

在安全测试环节中，全新红旗 H5 在测试车与目标车重合度 50% 以下的前提下，隧道内以 60 km/h 速度行驶，出隧道后设置增加遮挡的气球车，遇到障碍物能第一时间触发紧急制动，及时停止，最大程度利用 AEB 功能保护了用户安全。

需要注意的是，全新红旗 H5 的 AEB 系统的最优工作速度区间为 20~60 km/h。因此即便有可靠的 AEB 辅助，也请不要超速行车。

3. 自动泊车系统

红旗 H5 还专为中国用户量身打造了全自动泊车系统，更懂中国停车环境，可以完美适应复杂停车场景，减轻驾驶员朋友们的停车负担，为用户提供全栈创领的智慧泊车体验，大大提升新手司机的安全性。红旗 H5 可实现多种停车方式，感知硬件探测距离远，车位识别率高，提供垂直、水平、斜向三种停车方向选择，在极限环境增加烟雾前提下，依然可做到完美泊车，如图 6-1-10 所示。

图 6-1-10　自动泊车系统

【课后练习】

一、填空题

1. 先进驾驶与辅助技术按照功能不同，ADAS 可为_____、_____、_____、_____等。

2. 先进驾驶辅助系统的工作过程分为_____、_____、_____三步。

3. 自动紧急制动系统利用_____探测本车前方的车辆、行人及其他障碍物。

4. 车道偏离预警系统通过_____检测前方车道线。

二、选择题

1. 以下不属于先进驾驶辅助系统的是（　　　）。

A. 传感器　　　　　　　　　　B. 通信

C. 决策及执行等装置　　　　　　D. ECU

2. 以下不属于自主控制类 ADAS 的是（　　　）。

A. 车道保持辅助系统　　　　　　B. 自动紧急制动系统

C. 自适应巡航控制系统　　　　　D. 疲劳检测系统

3. 以下不属于预警类 ADAS 的是（　　　　）。

A. 车道偏离预警系统　　　　　　　B. 前向碰撞预警系统

C. 盲区监测系统　　　　　　　　　D. 自适应巡航控制系统

三、名词解释

1. 改善视野类 ADAS

2. 自主控制类 ADAS

3. 预警类 ADAS

/任务二/　认知视野类 ADAS 技术

在行车过程中，驾驶人依靠视觉获取环境信息的比例高达 90% 以上，因此视觉是驾驶人获取环境信息的最主要来源。但由于驾驶盲区、光线和天气等的影响，驾驶人往往会由于视野不佳导致交通事故的发生。视野改善类 ADAS 通过雷达、摄像头等环境感知传感器获取行车环境信息，并将这些信息通过图像和语音等方式传递给驾驶人，用以扩大驾驶人的视野范围，从而提高驾驶人在视野较差环境下的环境感知能力。

【知识目标】

1. 能描述视野类 ADAS 技术的概念和内容；

2. 能描述视野类 ADAS 技术的组成；

3. 能解释视野类 ADAS 技术的应用范围。

【素质目标】

1. 通过对视野类 ADAS 技术的学习，让学生知道技术在不断进步，激发学生不断学习的兴趣；

2. 通过对视野类 ADAS 的介绍，提高学生专业能力，促进其发展科学思维。

一、视野类 ADAS 的类型、功能

目前应用较多的改善视野类 ADAS，包括汽车自适应前照明系统、汽车夜视辅助系统、汽车平视显示系统和全景泊车系统等，见表 6-2-1。

表 6-2-1　改善视野类 ADAS

系统名称	功能	传感器类型
汽车自适应前照明系统	自动调节前照明系统的工作模式	光照强度传感器、车速传感器、车身高度传感器、转向角传感器
汽车夜视辅助系统	晚上使用热成像呈现行人或动物	激光雷达、毫米波雷达、红外传感器
汽车平视显示系统	将汽车驾驶辅助信息、导航信息、ADAS 信息等投影在前方，方便阅读	显示屏
全景泊车系统	四周 360° 全景提示	环视摄像头

二、汽车自适应前照明系统

1. 汽车自适应前照明系统的概念

汽车自适应前照明系统（AFS）是可以根据不同的道路行驶条件自动改变多种照明类型的一种照明系统，该系统可以消除因为恶劣天气、黑夜、能见度低等情况下汽车转向时视野不明区域所带来的危险，为驾驶员提供更加安全可靠的照明视野，其区别如图 6-2-1（a）、（b）所示。

（a）未搭载汽车自适应前照明系统的照明示意图　　　　（b）搭载汽车自适应前照明系统的照明示意图

图 6-2-1　是否搭载 AFS 的区别

2. 车辆自适应照明系统的组成

汽车自适应前照明系统主要由环境感知单元、控制单元、执行单元构成，如图 6-2-2 所示。

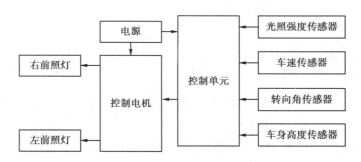

图 6-2-2　汽车自适应照明系统的组成

3. 车辆自适应照明系统的原理

车辆自适应照明系统的原理是车辆通过光照强度传感器不断感知环境的亮度，汽车车速传感器和方向盘转角传感器不断地把检测到的信号传递给控制 ECU 进行处理，再对运算处理后的数据进行综合判断来控制前照灯转过相应的角度。车辆的灯光自动开启控制可采用阈值控制法，如果当前环境的亮度小于开启阈值，那么车辆前照灯将不开启；反之开启。车灯的电机控制一般使用 PID 控制方法进行控制，通过当前车灯的实际位置和实际角度与预设位置和预设角度的差值进行算法调控。

汽车自适应前照明系统通过传感器等感知车辆行驶状态信息，自动调节前照明系统的工作模式，可实现城市道路照明、高速公路公路照明、转弯道路照明及阴雨天气照明等不同照明模式的调节，保障车辆在不同条件下的照明效果。在车辆行驶时，搭载在风挡玻璃上的车载摄像头可识别对向车辆和物体，如果检测到存在车辆或物体时，车灯照射的区域会渐变式自动熄灭与点亮。这样设计可以既能保证驾驶员的安全性，又可以提高驾驶员的驾驶感受，如图 6-2-3 所示。

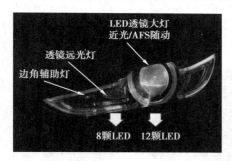

图 6-2-3　汽车大灯的组成

三、汽车全景泊车系统

1. 汽车全景泊车系统的概念

全景泊车系统又称为"全息影像停车辅助系统""汽车环视系统"或"360° 全景可视泊车系统"，是在停车过程时，通过车辆显示屏幕观看四周摄像头图像，帮助驾驶员了解车辆周边视线盲区，使停车更直观方便。

2. 汽车全景泊车系统的组成

全景泊车系统主要由安装在车身前后左右的 4 个超广角鱼眼摄像头、人机交互界面和系统主机等组成，如图 6-2-4 所示。

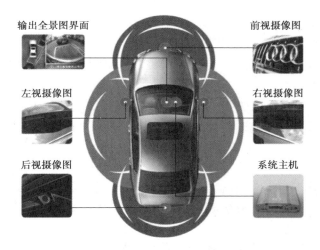

图 6-2-4　汽车全景泊车系统的组成

3. 全景泊车系统的工作原理

全景泊车系统的 4 个超广角鱼眼摄像头同时采集车辆四周的影像，经过图像处理单元"畸变还原→视角转化→图像拼接→图像增强"，最终形成一幅车辆四周无缝隙的 360° 全景俯视图。在显示全景图的同时，也可以显示任何一方的单视图，并配合标尺线准确地定位障碍物的位置和距离，如图 6-2-5 所示。

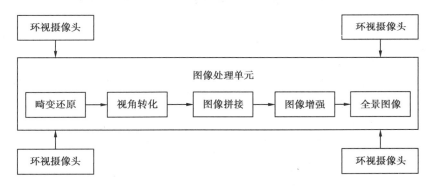

图 6-2-5　全景泊车系统的工作原理

【知识链接】

国内视野类 ADAS 的应用

吉利汽车集团是中国领先的汽车制造商，也是首批获得长三角智能网联汽车测试牌照的车企之一，在自动驾驶领域积累了丰富的技术和经验，不仅率先将 L2 级智能驾驶辅助系统普及旗下车型，成为首个实现 L2 级智能驾驶技术全面量产的中国品牌，而且在行业内新量产 L2 级智能驾驶车型的配置率和市占率均达第一。

1. 自适应照明系统

吉利星越搭载的是来自法雷奥的矩阵式全 LED 大灯，夜间照明不仅非常亮，而且科技感十足，整车的外饰灯具共使用了 326 颗 LED 光源，前大灯组拥有 106 颗，其中日行灯、位置灯与转向灯共用一个采用厚壁光导技术的箭锋式发光面，前后转向灯均采用流水式点亮，如图 6-2-6 所示。 AFS 自适应前照灯系统拥有自适应光形调整、DBL 弯道照明、ADB 自适应远光照明系统等功能，可根据车身高度、行车速度、方向盘转动角度以及道路灯光和车辆情况等，自动在水平与垂直方向上调整光轴，在保证照明效果的同时可避免对其他车辆产生眩光。此外，当驻车或空挡时，大灯会降低 50% 近光的亮度，实现节能降耗。

图 6-2-6　星越的自适应照明系统

2. 自动泊车系统

星越 L 将搭载行业领先的 5G-AVP 1 km 无人泊车技术，成为首款搭载 5G-AVP 1 km 无人泊车系统的车型，最终将实现 1 km 无人托管式泊车，真正在部分场景和工况下实现 L4 级自动驾驶。

星越 L 5G-AVP 1 km 无人泊车系统通过包括 12 个超声波雷达、5 个毫米波雷达与 7 个高清摄像头在内的 24 个感知元件和 GPS 定位技术的高低速融合算法，具有"360TOPS+8TOPS"超速算力，对道路信息和动静态障碍物进行实时演算，在部分场景和工况下实现 L4 级无人驾驶技术。

图 6-2-7　星越 L

【课后练习】

一、填空题

1. 视野改善类先进驾驶辅助系统主要有_____、_____、_____、_____等。
2. 全景泊车系统主要由_____、_____、_____等组成。
3. 汽车自适应前照明系统主要由_____、_____、_____构成。

二、选择题

1. 以下不属于智能网联汽车自适应巡航控制系统的传感器是（　　　）。
   A. 测距传感器　　　　　　　　　B. 转速传感器
   C. 节气门传感器　　　　　　　　D. 陀螺仪
2. 以下属于汽车自适应前照明系统功能的是（　　　）。
   A. 自动调节前照明系统的工作模式　　B. 晚上使用热成像呈现行人或动物
   C. 四周 360° 全景提示　　　　　　　D. 将汽车信息等投影在前方，方便阅读
3. 以下不属于汽车自适应前照明系统照明模式的是（　　　）。
   A. 城市道路照明　　　　　　　　B. 高速公路公路照明
   C. 转弯道路照明　　　　　　　　D. 雨雪天气照明

三、名词解释

1. 汽车自适应前照明系统
2. 全景泊车系统

/ 任务三 / 认知预警类 ADAS 技术

　　由于驾驶人的主观因素导致的交通事故的占比最高，若在交通事故发生前的 1.5 s 给驾驶人发出预警，可避免 90% 的碰撞事故，大大降低交通事故发生率。预警类 ADAS 就是通过雷达、摄像头等环境感知传感器实时监测行车环境信息，并在车辆可能发生危险时发出警告信息，从而防止发生危险或减轻事故伤害。

【知识目标】

1. 能描述预警类 ADAS 技术的概念和内容；
2. 能描述预警类 ADAS 技术的组成；
3. 能解释预警类 ADAS 技术的应用范围。

【素质目标】

1. 通过对预警类 ADAS 技术的学习，让学生知道技术在不断进步，激发学生不断学习的兴趣；
2. 通过学习汽车预警类 ADAS 技术，让学生知道交通安全离不开科学技术。

【任务实施】

一、预警类 ADAS 的类型和功能

目前应用较多的预警类 ADAS，包括前向防撞预警系统、车道偏离预警系统和盲区监测系统等，见表 6-3-1。

表 6-3-1　预警类 ADAS 的类型

系统名称	功能	传感器类型
前向防撞预警系统	识别潜在的危险情况并通过提醒帮助驾驶员避免或减少前向碰撞事故	摄像头、毫米波雷达、车速传感器、油门传感器、制动踏板传感器
车道偏离预警系统	在车辆可能偏离车道时给与驾驶员提示，减少因车道偏离而造成的事故	摄像头、毫米波雷达、车速传感器、转角传感器
盲区监测系统	监测盲区内车辆或行人事故，识别潜在危险，并进行及时报警	摄像头、毫米波雷达、激光雷达、超声波雷达
全景泊车系统	四周360°全景提示	环视摄像头

二、前方防碰撞系统

1. 前方防碰撞系统的概念

前方防碰撞系统（FCW）是通过摄像头、雷达等传感器实时感知车辆前方的物体，并检测车辆与目标之间的距离并警示驾驶员的一种系统，如图 6-3-1 所示。

图 6-3-1 前方防碰撞系统（FCW）

2.前方防碰撞辅助系统的组成

前方防碰撞辅助系统主要由环境感知单元、控制单元和执行单元构成，其组成如图 6-3-2 所示。

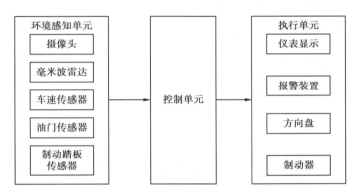

图 6-3-2 前方防碰撞辅助系统的组成

3.前方防碰撞辅助系统的原理

汽车前方防碰撞辅助系统的工作原理：利用摄像头识别出前方物体，并通过毫米波雷达感测与前车或前方障碍物的距离，通过电子控制单元对物体进行识别并对距离进行测算，同时判断当前的工况。如果观测距离小于报警距离，那么车辆就会进行报警提示，如果观测距离小于安全距离，车辆就会启动自动制动。

三、车道偏离预警系统

1.车道偏离预警系统的概念

车道偏离预警系统（LDW）使用摄像头作为视觉传感器检测车道线，计算车辆在车道中的位置信息及运动信息，判断车辆当前是否偏离车道。如果车辆偏离车道且驾驶员没有进行纠正时，系统会发出警告或通过方向盘振动的方式提示驾驶员，如图 6-3-3 所示。

2.车道偏离预警系统的组成

车道偏离预警系统主要由环境感知单元、电子控制单元、执行单元组成，如图 6-3-4 所示。

图 6-3-3　车道偏离预警系统（LDW）

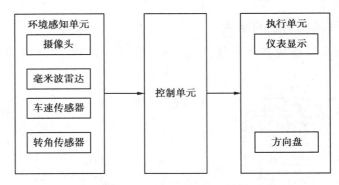

图 6-3-4　车道偏离预警系统的组成

3. 车道偏离预警系统的原理

通常一个或多个图像传感器提供道路的多帧图像，这些传感器连接至处理器的多个视频端口。数据进入系统后，它被实时地变换成可处理的格式，在处理器内部，首先对其进行预处理，过滤掉图像捕获期间混入的噪声。然后探测车辆相对于车道标志线的位置，道路图像的输入信息流被变换为一系列画出道路表面轮廓的线条，在数据字段内寻找边缘就能发现车道标志线，这些线实际上形成了车辆向前行驶应保持的边界。处理器则要时刻跟踪这些标志线，以确定行车路线是否正常。一旦发现车辆无意间偏离车行道，处理器做出判断后输出一个信号驱动报警电路，让驾驶员立即纠正行车路线。报警形式可以是蜂鸣器或喇叭，也可以用语言提示，还有用振动座椅或方向盘来提醒驾驶员，如图 6-3-5 所示。

LDW 系统还要考虑到汽车正常使用的制动装置和转向装置。这些装置会影响 LDW 的工作，使系统复杂化。因此在慢速行驶或制动、正常转向时，LDW 系统是不工作的，如图 6-3-6 所示。

LDW 系统在行驶速度高于一定车速时才可以启动，它可检测当前车辆是否压线或即将偏离车道。如果检测到车辆偏离或压线时，仪表盘会显示红色的报警标志，并发出报警声音提示驾驶员，同时，方向盘会通过振动来提醒驾驶员。如果车辆打转向灯，或驾驶员在加速时，该系统认为驾驶员在控制车辆，系统不工作。

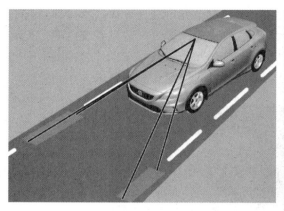 

图 6-3-5　车道偏离预警系统的原理　　　　图 6-3-6　慢速行驶或转向时不工作

四、车辆盲区监测系统

1. 车辆盲区监测系统的概念

车辆盲区监测系统（BCA）通过安装在左右后视镜或其他位置的传感器感知后方道路信息。如果后方有车辆、行人、自行车及其他移动物体靠近时，盲区监测系统就会通过声光报警器提醒驾驶员或在紧急情况下进行制动，如图 6-3-7 所示。

图 6-3-7　车辆盲区监测系统（BCA）

2. 车辆盲区监测系统的组成

车辆盲区监测系统一般由感知单元、电子控制单元和执行单元等组成，其如图 6-3-8 所示。

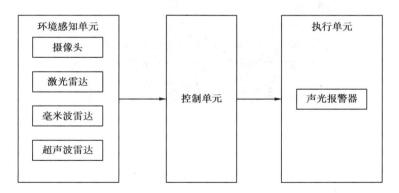

图 6-3-8　车辆盲区监测系统的组成

3. 车辆盲区监测系统的原理

车辆盲区监测系统主要由安装在左右两个后视镜上面的毫米波雷达完成。毫米波雷达可以感知后方靠近的车辆、自行车等移动物体，电子控制单元可以计算移动物体和当前车辆的相对速度，如果相对速度大于系统设定的阈值，则此时车辆盲区监测系统启动，车辆外后视镜指示灯常亮。若此时驾驶员试图变更车道到危险车道，此时车辆外后视镜指示灯会闪烁，警报蜂鸣器发出报警声音提示驾驶员有碰撞危险，如图 6-3-9 所示。

图 6-3-9　车辆盲区监测系统的原理

【知识链接】

国内预警类 ADAS 的应用

在 C-IASI（中国保险汽车安全指数）公布了最新一期安全碰撞测试成绩，长安 UNI-V 在车内乘员安全指数、车外行人安全指数及车辆辅助安全指数均获得最高 "G" 评级，这其中，长安 UNI-V 高达 95.1% 的安全辅助配置得分率格外引人关注。

图 6-3-10　长安 UNI-V 汽车

长安 UNI-V 配备了大陆第三代的 ESC 车身稳定控制系统，从实际体验来看，这套系统集成了 ESC 电子稳定控制、ABS 防抱死、HHC 坡道起步辅助等多项主动安全技术。在汽车日常驾驶的过程中，这些系统可以实时监测车辆的行驶状态，如转向角、轮速等，进而在保证安全的前提下，让汽车能够按照驾驶员的意图行驶。

其次，为了让车主更全面地了解车身周围的路况，长安 UNI-V 还搭载了同级车型少有的 540° 高清全景影像系统。其中，360° 高清全景影像可以帮助车主查看周围路况，更安全、更便捷地泊车；而 180° 底盘透视功能，则可以让车主时刻了解底盘周围的障碍物，避免因车辆盲区而导致事故发生。

长安 UNI-K 配备了 AEB 智能紧急制动辅助、LDW 车道偏离预警、LKA 车道保持辅助系统等，实现了 IACC 高阶驾驶辅助功能，可以让用户的驾驶更加轻松，比如每天早晚高峰出行，在排队跟车过程中更加轻松惬意。此外，长安 UNI-V 搭载的 BSD 盲区监测、RCW 后追尾预警等主动安全配置，更可以时刻提醒用户驾驶中有可能存在风险，从而避免碰撞事故的发生。

【课后练习】

一、填空题

1. 自主预警类先进驾驶辅助系统主要有_____、_____、_____、_____等。
2. 前方防碰撞辅助系统主要由_____、_____、_____构成。
3. 车道偏离预警系统主要由_____、_____、_____组成。
4. 车辆盲区监测系统一般由_____、_____、_____等组成。

二、选择题

1. 以下不属于预警类 ADAS 的是（　　　　）。
A. 前向防撞预警系统　　　　　B. 车道偏离预警系统
C. 盲区监测系统　　　　　　　D. 自适应前照明系统
2. 以下不属于车道偏离预警系统传感器的是（　　　　）。
A. 毫米波雷达　　　　　　　　B. 车速传感器
C. 转角传感器　　　　　　　　D. 油门传感器
3. 以下不属于前向防撞预警系统传感器的是（　　　　）。
A. 环视摄头　　　　　　　　　B. 毫米波雷达
C. 车速传感器　　　　　　　　D. 油门传感器

三、名词解释

1. 前方防碰撞系统
2. 车辆盲区监测系统
3. 车道偏离预警系统

/任务四/ 认知自主控制类 ADAS 技术

自主控制类 ADAS 是指通过雷达、视觉等环境感知传感器实时检测行车环境信息，在车辆可能发生危险时发出警告信息，并在必要时会主动介入车辆的横纵向运动控制，从而防止发生危险或减轻事故伤害。有些自动控制类 ADAS 是在预警类 ADAS 的基础上进行设计开发的，比如车道保持辅助系统包含车道偏离预警和车道保持辅助功能。

【知识目标】

1. 能描述自主控制类 ADAS 的概念和内容；
2. 能描述自主控制类 ADAS 的组成；
3. 能解释自主控制类 ADAS 的应用范围。

【素质目标】

1. 通过对自主控制类 ADAS 的学习，让学生知道技术在不断进步，激发学生不断学习的兴趣；
2. 通过学习自主控制类 ADAS 在国内汽车中的应用，让学生激发学生的民族自豪感和时代精神，增强国家的核心竞争力，实现可持续发展。

【任务实施】

一、自主控制类 ADAS 的类型和功能

目前应用较多的自主控制类 ADAS，包括车道保持辅助系统、自动制动辅助系统、自适应巡航控制系统和自动泊车辅助系统等，见表 6-4-1。

表 6-4-1　自主控制类 ADAS 的类型和功能

系统名称	功能	传感器类型
车道保持辅助系统	修正即将穿越过车道线的车辆，使车辆保持在原车道内	摄像头、车速传感器、转角传感器
自动制动辅助系统	主动干预使汽车自动制动，从而防止追尾事故的发生	摄像头、激光雷达、毫米波雷达、车速传感器、转角传感器、油门传感器、制动踏板传感器
自适应巡航控制系统	在设定的速度范围内自动调整行驶速度，以适应驾驶环境变化	摄像头、激光雷达、毫米波雷达、车速传感器、转角传感器、油门传感器、制动踏板传感器

续表

系统名称	功能	传感器类型
自动泊车辅助系统	识别有效的泊车空间，并通过控制单元控制车辆进行泊车	摄像头、超声波雷达

二、车道保持辅助系统

1. 车道保持辅助系统的概念

车道保持辅助 LKA（Lane Keeping Assist）用于辅助驾驶员将车辆保持在车道线内行驶，属于智能驾驶辅助系统中的一种，是一项在车道偏离预警 LDW（Lane Departure Warning）功能上发展而来的横向运动控制 ADAS 功能。车道保持辅助系统通过前视摄像头实时监测车辆与车道线的相对位置，持续或在必要情况下介入车辆横向运动控制，使车辆保持在原车道内行驶，如图 6-4-1 所示。

此系统有两种功能可供选择：车道偏离辅助修正功能和车道保持功能。目前该系统主要应用于结构化的道路上，如在高速公路和路面条件较好（车道线清晰）的公路上行驶时，当车速达到 65km/h 或以上才开始启动运行，如图 6-4-2 所示。

图 6-4-1　车道保持辅助 LKA

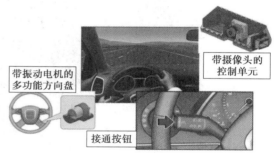

图 6-4-2　开启 LKA

2. 车道保持辅助系统的组成

车道保持辅助系统主要由环境感知单元、电子控制单元和执行单元组成，其组成如图 6-4-3 所示。

3. 车道保持辅助系统的原理

车道保持辅助系统是利用摄像头等传感器感知并计算车辆在车道中的位置信息及运动信息，利用车辆的转向和制动系统对车辆进行控制，防止车辆偏离车道而发生事故。车道保持辅助系统会对车辆的转向进行微调，使车辆驶回原车道行驶。

车道保持辅助系统利用一个摄像头识别行驶车道的标识线，并采集道路图像，利用车

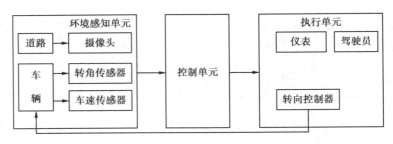

图 6-4-3　车道保持辅助系统

速传感器采集车速信号，利用转向盘转角传感器采集转向信号。如果识别出两侧的车道边界线，控制单元会计算车道宽度和曲率，同时计算车辆所处当前车道的位置，并根据转向盘转角传感器计算车辆接近车道边界线的角度。根据综合计算的数值和车辆当前位置确定警报提醒，如图 6-4-4 所示。

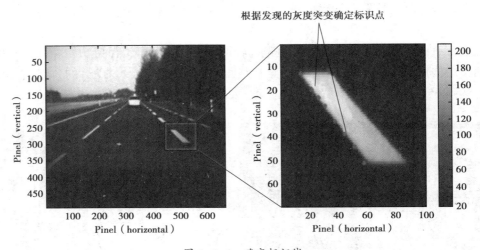

图 6-4-4　确定标识线

　　如果车辆接近标记线并可能脱离行驶车道，那么会通过方向盘的振动，或者是声音来提请驾驶员注意，并轻微转动方向盘修正行驶方向，使车辆处于正确的车道上，若方向盘长时间检测到无人主动干预，则发出报警，用来提醒驾驶人员。如果驾驶员打开转向灯，正常进行变线行驶，那么系统不会做出任何提示。

三、汽车自动制动辅助系统

1. 汽车自动制动辅助系统的概念

　　汽车自动制动辅助（AEB）系统是一种可以防止汽车发生碰撞的一种智能装置系统。它能够自动发现可能与汽车发生碰撞的车辆、行人或其他障碍物体，发出警报或同时采取制动或规避等措施，以避免碰撞的发生，如图 6-4-5 所示。

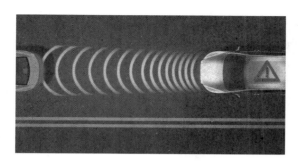

图 6-4-5　汽车自动制动辅助（AEB）系统

2. 汽车自动制动辅助系统的组成

汽车 AEB 系统主要由行车环境信息采集单元、电子控制单元和执行单元等组成，如图 6-4-6 所示。

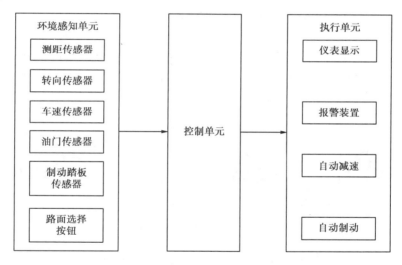

图 6-4-6　汽车自动制动辅助系统的组成

3. 汽车自动制动辅助系统的工作原理

汽车 AEB 系统采用测距传感器测出与前车或障碍物的距离，然后利用电子控制单元将测出的距离与报警距离、安全距离等进行比较，小于报警距离时就进行报警提示，而小于安全距离时，即使在驾驶员没踩制动踏板的情况下，AEB 系统也会启动，使汽车自动制动，从而为安全出行保驾护航。汽车自动制动辅助系统的工作一般分为四个阶段。

（1）声音与警告灯警告

当低速安全系统检查到有碰撞的可能时，先点亮仪表上的警告灯。仪表点亮。如果驾驶员没有响应，距离更近时，仪表会点亮，并有报警声音提醒，如图 6-4-7 所示。

（2）轻微制动

当驾驶员没有采取措施继续前行时，低速安全系统会采用轻微的制动，建立预备制动压力。但此时驾驶员只会有轻微的颠簸感，如图 6-4-8 所示。

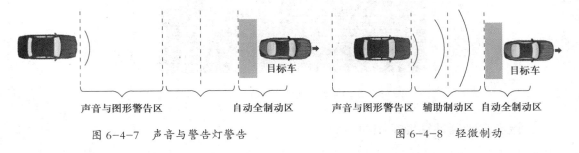

图 6-4-7　声音与警告灯警告　　　　　　　　　图 6-4-8　轻微制动

（3）增大制动力

如果驾驶员仍没有采取措施继续前行时，低速安全系统会继续增大的制动力，使其能够达到目标减速度，如图 6-4-9 所示。

（4）自动全制动

如果驾驶员还是没有采取措施继续前行时，而且无法通过转动方向盘来避免碰撞，低速安全系统会采用最大制动力的方法来达到避免碰撞或降低碰撞力度的目的，如图 6-4-10所示。

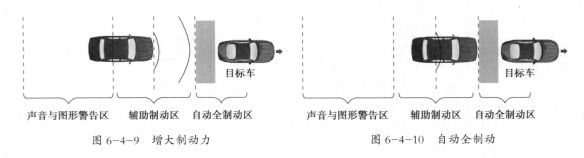

图 6-4-9　增大制动力　　　　　　　　　　　图 6-4-10　自动全制动

四、自适应巡航控制系统

1. 自适应巡航控制系统的概念

自适应巡航控制系统（Adaptive Cruise Control，ACC）通过安装在车辆前部的车距传感器（一般为毫米波雷达）持续扫描车辆前方道路，如图 6-4-11 所示，从而得知前车的车速与相对距离。在行驶过程中 ACC 会自动侦测车速，当与前车的距离越来越小时，会对应调整自身车速，与前方车辆保持安全距离，在设定的速度范围内自动调整行驶速度，以适应前方车辆或道路条件等引起的驾驶环境变化。

自适应巡航控制系统可以对于前方车辆进行识别，从而实现"前车慢我就慢，前车快我就快"的智能跟车效果。自适应巡航控制系统在工作状态下，当雷达侦测到前方有慢车时，开始减速将车速调节至与前方车辆相同，并保持安全距离。当前方车辆离开后，将车速回到预先设定的车速，如图 6-4-12 所示。

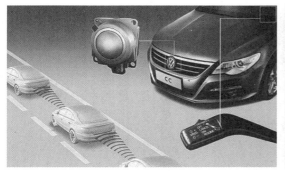

图 6-4-11　扫描前方道路　　　　　　　　　　　图 6-4-12　调整距离

2. 自适应巡航控制系统的组成

汽车自适应巡航系统主要由 4 部分构成，分别是环境感知单元、控制单元、执行单元、人机交互单元，如图 6-4-13 所示。

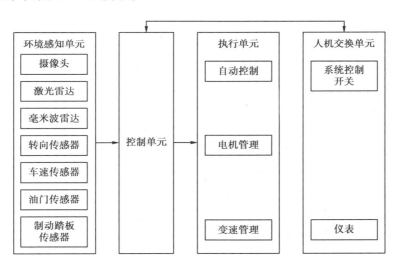

图 6-4-13　自适应巡航控制系统的组成

3. 自适应巡航控制系统的工作原理

在汽车行驶过程中，安装在车辆前部的车距传感器持续扫描车辆前方道路，同时轮速传感器采集车速信号。当车辆前方无障碍物时，车辆按设定的速度巡航行驶；当行驶车道的前方有其他前行车辆时，自适应巡航控制系统的 ECU 将根据本车和前车之间的相对距离及相对速度等信息，通过与 ABS、发动机控制系统、自动变速器控制系统协调动作，对车辆纵向速度进行控制，使本车与前车始终保持安全距离行驶。

自适应巡航控制系统的工作示意图如图 6-4-14 所示，共有四种典型的操作，即巡航控制、减速控制、跟随控制和加速控制。图中假设当前车辆设定车速为 100 km/h，目标车辆行驶速度为 80 km/h。

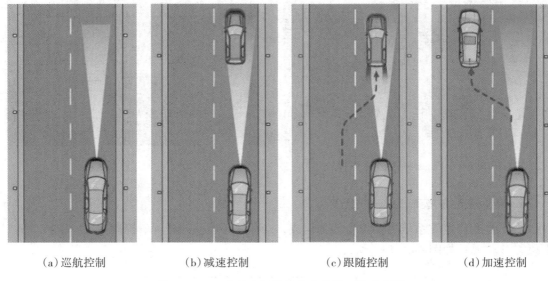

（a）巡航控制　　　　　（b）减速控制　　　　　（c）跟随控制　　　　　（d）加速控制

图 6-4-14　自适应巡航控制系统的工作示意图

（1）当前方无车辆时，主车将处于普通的巡航驾驶状态，按照驾驶人设定的车速行驶（100 km/h），驾驶人只需要进行方向的控制，此时车辆处于匀速状态，如图 6-4-14（a）所示。

（2）当车辆前方出现目标车辆时，如果目标车辆的速度（80 km/h）小于主车时，主车将自动开始进行减速控制（从 100 km/h 降到 80 km/h），确保两车的距离为所设定的安全距离，此时车辆处于减速状态，如图 6-4-14（b）所示。

（3）当两车之间的距离等于安全车距后，采取跟随控制，即与目标车辆以相同的车速行驶（80 km/h），此时车辆处于跟随状态，如图 6-4-14（c）所示。

（4）当前方的目标车辆发生移线，或主车移线行驶使得主车前方又无行驶车辆时，自适应巡航控制系统将对主车进行加速控制，使主车恢复至设定的行驶速度（100 km/h），此时车辆处于加速状态，如图 6-4-14（d）所示。

4. 自适应巡航控制系统的作用

自适应巡航控制系统一般在车速大于 25 km/h 时才会起作用，而当车速降低到 25 km/h 以下时，就需要驾驶人进行人工控制。通过系统软件的升级，自适应巡航控制系统可以实现"停车 / 起步"功能，以应对在城市中行驶时频繁的停车和起步情况。自适应巡航控制系统的这种扩展功能，可以使汽车在非常低的车速时也能与前车保持设定的距离。当前方车辆起步后，自适应巡航控制系统会提醒驾驶人，驾驶人通过踩加速踏板或按下按钮发出信号，车辆就可以起步行驶，自适应巡航控制系统还可以使车辆的编队行驶更加轻松。

自适应巡航控制系统控制单元可以设定自动跟踪的车辆，当本车跟随前车行驶时，自适应巡航控制系统控制单元可以将车速调整为与前车相同，同时保持稳定的车距，而且车距是可调的，如图6-4-15所示。

五、自动泊车辅助系统

1. 自动泊车辅助系统的概念

自动泊车辅助系统是一种利用车载传感器识别有效的泊车空间，并辅助控制车辆完成泊车操作的先进驾驶辅助系统。相比于传统的电子辅助功能，比如倒车雷达、倒车影像显示等，智能泊车辅助系统的智能化程度更高，减轻了驾驶员的操作负担，有效降低了泊车的事故率，其工作如图6-4-16所示。

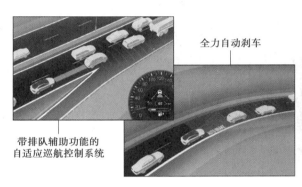

图 6-4-15　排队功能

图 6-4-16　智能泊车系统

2. 智能泊车系统的组成

智能泊车辅助系统主要由信息检测单元、电子控制单元、执行单元和人机交互系统等组成，如图6-4-17所示。

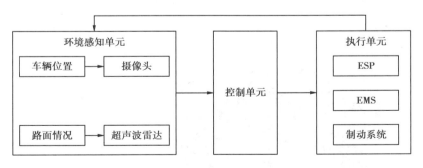

图 6-4-17　智能泊车系统的组成

3. 智能泊车辅助系统的工作原理

汽车进入停车区域后缓慢行驶，人工开启智能泊车系统或者根据车速自动开启智能泊车系统。通过车载传感器获取环境信息，识别出车位，如超声波雷达识别车位空间，摄像头识别车位线等。根据所获取的车位信息，控制单元对汽车和环境建模，计算出一条能安全泊入车位的路径。通过方向盘转角、油门和制动的协调控制，使汽车跟踪预先规划的泊车路径，实现泊车入库。智能泊车辅助系统的运行过程如图6-4-18所示。

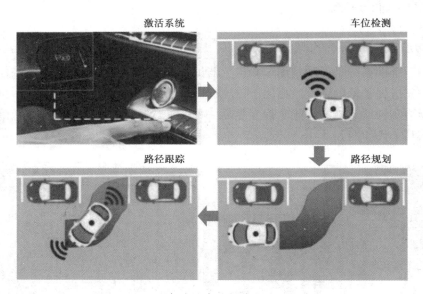

图 6-4-18　智能泊车辅助系统的运行过程

4. 半自动泊车辅助系统

半自动泊车辅助系统是由驾驶员将该系统激活后，首先是寻找停车空位。如果找到合适的停车空位，到达了合适的初始位置后，挂入倒挡，泊车转向辅助系统就接管了转向过程，驾驶员只需要操纵油门踏板及制动器踏板，泊车时仍有声音警告信号来提醒驾驶员可能发生的碰撞。

使用泊车辅助倒入停车空位时，每次开始停车前，都必须重新激活泊车转向辅助系统。只有当车速低于30 km/h时,泊车转向辅助系统才能被激活。启动智能泊车辅助,如图6-4-19所示。

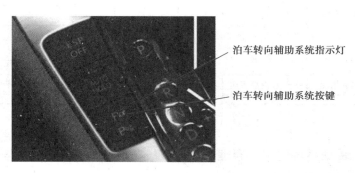

图 6-4-19　启动泊车辅助

泊车辅助系统寻找道路左右两侧的空车位，驾驶员信息系统显示已经找到了一个足够大的空车位，如图 6-4-20 所示。

借助泊车转向辅助系统（PA）泊车，汽车停止时挂上倒车挡后，PA 把汽车转向空车位，驾驶员必须负责制动和油门，如图 6-4-21 所示，车辆提示泊车系统工作开始，如图 6-4-22 所示。

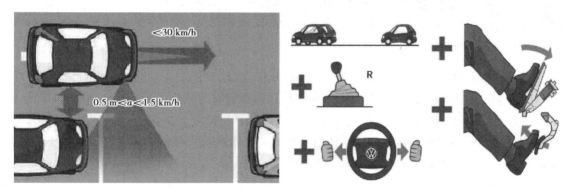

图 6-4-20　找到车位　　　　　　　　　　图 6-4-21　PA 工作过程

泊车过程中，车辆以一定的角度倒入停车位，驾驶员需要将车速保持在 7 km/h 以下。如果超出了这个速度值，系统将终止程序。车辆利用超声波传感器的距离数据和方向盘转角传感器的数据，检查车辆的位置，并与停车位比较，调整智能泊车辅助控制单元内存储的路径，确定何时回正车轮，从而确保车辆能进入停车位。入位后，如果车身达到了和道路平行，但是车辆和后方目标物的距离过小，停车距离控制系统就会发出声音报警。如果车辆并没有与路肩石或者墙面完全平行（也就是说，距离刚够停进去但是没有摆正），系统也会识别并提示驾驶员。这时驾驶员需要在车辆完全停稳后退出倒挡，待车轮自动摆正后挂入 1 挡（或 D 挡），

图 6-4-22　提示开始泊车

车辆向前移动一小段距离直到仪表显示停车过程完成。停车完成后，PA 通过驾驶员信息系统显示来关闭泊车转向辅助功能。

5. 全自动泊车辅助

全自动泊车辅助系统是基于前、后保险杠上安装的各 6 个雷达来实现的。当车速小于 30 km/h 时，驾驶员只要按下泊车按键，表示智能泊车系统已经自动启动，超声波传感器可以有效地探测出大于车身长度 1.5 m 以上的车位。系统默认寻找道路右侧车位，如需寻找左侧车位，仅需手动开启左转信号灯便可实现。当出现 "P" 停车位时（如图 6-4-23 所示），驾驶员选择相应车位，然后根据系统提示挂入倒挡，系统便会自动亮起相应的转向灯，系统就会接管方向盘、油门和制动，即刻开始自动停车入位，直到车辆进入车位后自动取消，如图 6-4-24 所示。

图 6-4-23　找到停车位　　　　　　　　　　　　图 6-4-24　完成泊车

智能泊车功能还可以让车辆自动驶出平行车位，使用智能泊车功能泊入平行停车位后，再驶出停车位时可启用自动驶出功能，驾驶员只需在启动车辆后，挂入前进挡，并按下泊车按键，车辆显示屏会出现自动驶出功能的启动画面，如图 6-4-25 所示。按下确认键，系统会自动亮起相应转向灯，并自动执行转向、挡位切换以及制动等动作。在整个过程中，系统会自动探测周围障碍物，自动使出平行车位。

6. 全自动远程泊车

遥控泊车 RPA 允许用户在车外一定可视范围内使用遥控装置（手机或钥匙）控制车辆进行泊入、泊出、直进、直出等功能，但整个过程中驾驶员必须始终监控车辆状态。

遥控泊车的功能很多，但归纳起来，主要包括遥控直进/出、遥控泊入和遥控泊出三类功能。

（1）遥控直进/出

最早诞生的遥控泊车功能应该就是遥控进出，此功能主要适用于狭窄垂直车位、车门不易打开的场景，如图 6-4-26 所示。

图 6-4-25　自动驶出　　　　　　　　　　　　图 6-4-26　遥控直进/出

（2）遥控泊入

用户先在车内开启遥控泊车系统，搜索并确认目标车位，再挂入 P 挡，拉起 EPB 后下车。在车外使用遥控装置发出泊入指令，遥控泊车系统控制车辆完成泊入。遥控泊入一般可支持平行车位、垂直车位（图 6-4-27）和倾斜车位（图 6-4-28）。

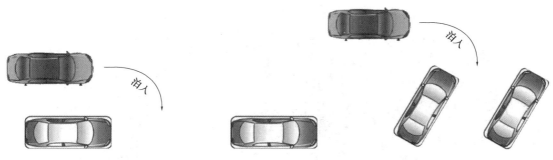

图 6-4-27 平行车位、垂直车位　　　　　图 6-4-28 倾斜车位

（3）遥控泊车

用户在车外使用遥控装置启动发动机和遥控泊车系统，在用户继续发出泊出指令后，遥控泊车系统控制车辆泊出。遥控泊出一般支持平行车位，如图 6-4-29 所示。

图 6-4-29 遥控泊车

【知识链接】

国内自主控制类 ADAS 的应用

长城 WEY 2020 款 VV6 搭载了 L2+ 级自动驾驶，其中的紧急车道保持 ELK（Emergency Lane Keeping）更是被长城大肆宣传为国内首次配置。

1. 紧急车道保持 ELK 的功能

紧急车道保持 ELK 的环境感知传感器由 3 个毫米波雷达加上 1 个摄像头组成。这 3 个 R1V 的传感器配置除了可支持 ELK 功能外，还可支持 AEB、ACC、LDW、LKA、TJA、BSD、RCTA 等多项高级驾驶辅助 ADAS 功能。

（1）偏离道路边缘

道路边缘可以包括无车道线、有不连续车道线和连续车道三种情况。当紧急车道保持 ELK 系统判断车辆有偏离道路边缘的风险时，即会主动介入，通过对电动助力转向系统 EP 施加辅助扭矩，使车辆保持在车道内行驶，如图 6-4-30 所示。

（2）相邻车道有对向来车

左侧或右侧相邻车道有对向来车，当紧急车道保持 ELK 系统判断车辆有偏离道路边缘的风险时，即会主动介入，通过对电动助力转向系统 EPS 施加辅助扭矩，使自车远离对向来车，如图 6-4-31 所示。

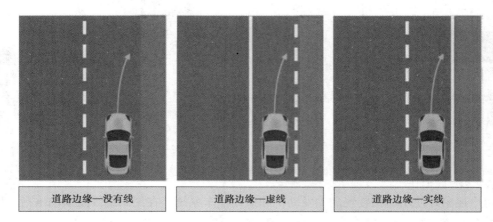

| 道路边缘—没有线 | 道路边缘—虚线 | 道路边缘—实线 |

图 6-4-30　偏离道路边缘

（3）相邻车道有后向超车

左侧或右侧相邻车道有后向来车，并且有超车趋势，当紧急车道保持 ELK 系统判断车辆有偏离道路边缘的风险时，会主动介入，通过对电动助力转向系统 EPS 施加辅助扭矩，使自车远离后向超车，如图 6-4-32 所示。

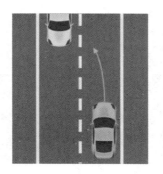　

图 6-4-31　相邻车道有对向来车　　　　图 6-4-32　相邻车道有后向超车

2. 自动制动辅助系统

第三代哈弗 H6 Supreme+ 搭载有全场景识别 AEB 紧急制动辅助系统，并包含"行人＋十字路口"监测功能。这项主动安全智能配置可以在车辆通过路口时，时刻侦测路口的环境以及行人的通行轨迹，一旦发现有行人、共享单车、电动车等突然窜出的情况，系统会提前预判，并在驾驶员来不及反应的时候自动启动刹车系统以刹停车辆，从而避免意外碰撞事故的发生。全场景识别 AEB 紧急制动辅助系统可以有效地将交通意外防患于未然，是非常实用的主动安全智能配置。当然，除了全场景识别 AEB，第三代哈弗 H6 Supreme+（图 6-4-33）也和第三代哈弗 H6 一样，配备有包括 360° 全景影像、透明车底、全路段智慧躲闪功能、车道偏离预警、倒车侧向警告、车道居中保持等多项强大主动智能安全配置。

3. 自适应巡航控制系统

自适应巡航控制系统（ACC）是一种基于传感器识别技术而诞生的智能巡航控制，这一最初多见于豪华车型上的功能配置在哈弗 SUV 家族的新哈弗 H9（图 6-4-34）、H8 已有应用。

图 6-4-33　第三代哈弗 H6 Supreme+

图 6-4-34　哈弗 H9

作为一种舒适性驾驶辅助系统，ACC 相比普通定速巡航系统，其可综合控制车速和车距，因此可以理解为一种更为智能化的定速巡航系统。在前方无障碍的笔直畅通道路情况下，自适应巡航可以使车辆保持设定车速行驶；当前方车辆小于本车设定巡航车速时，本车则可以设定安全距离，跟随前车行驶——从而真正做到"前车慢我就慢，前车快我就快"的智能跟车的效果。

说起 ACC 功能的实现原理，与雷达传感器密不可分，其可视为 ACC 功能配置的眼睛。具体来说，位于全新哈弗 H6 超豪型车头牌照架下方的雷达传感器的功能是探测相同方向、相同车道内的车辆，并通过判断与前车的距离，经由系统做出动作判定。值得一提的是，除了 ACC 功能外，雷达传感器还被用于与 ACC 功能紧密相关的前碰撞预警及自动紧急制动功能。

【课后练习】

一、填空题

1. 自主控制类先进驾驶辅助系统主要有_____、_____、_____、_____等。

2. 车道保持辅助系统主要由_____、_____和执行单元等组成。

3. 自适应巡航系统主要由四部分构成，分别是_____、_____、_____、_____。

4. 车道保持辅助系统有_____和_____两种功能。

二、选择题

1. 以下不属于自主控制类 ADAS 的是（　　）。

A. 车道保持辅助系统　　　　　B. 自动制动辅助系统

C. 自适应巡航控制系统　　　　D. 盲区监测系统

2. 以下不属于自适应巡航控制系统传感器的是（　　）。

A. 激光雷达　　　　　　　　　B. 毫米波雷达

C. 车速传感器　　　　　　　　D. 超声波雷达

3. 以下不属于车道保持辅助系统主要组成的是（　　）。

A. 环境感知单元　　　　　　　B. 电子控制单元

C. 执行单元组成　　　　　　　D. 人机交互系统

三、名词解释

1. 自适应巡航控制系统

2. 车道保持辅助系统

3. 自动泊车辅助系统